A ESSÊNCIA DE EMPREENDER

Miguel Krigsner

A ESSÊNCIA DE EMPREENDER

Como foi construído o Grupo Boticário,
um dos maiores ecossistemas de beleza do Brasil

2ª reimpressão

Copyright © 2024 by Miguel Krigsner

A Portfolio-Penguin é uma divisão da Editora Schwarcz S.A.

PORTFOLIO and the pictorial representation of the javelin thrower are trademarks of Penguin Group (USA) Inc. and are used under license. PENGUIN is a trademark of Penguin Books Limited and is used under license.

Grafia atualizada segundo o Acordo Ortográfico da Língua Portuguesa de 1990, que entrou em vigor no Brasil em 2009.

CAPA E CADERNO DE FOTOS Alceu Chiesorin Nunes
FOTO DE CAPA Mauro Figa
FOTOS DE MIOLO Acervo Grupo Boticário
REDAÇÃO Atelier de Conteúdo (Ariane Abdallah, Mariana Meyer e Victoria Pirolla)
PREPARAÇÃO Talita Gonçalves
REVISÃO Angela das Neves e Clara Diament

Dados Internacionais de Catalogação na Publicação (CIP)
(Câmara Brasileira do Livro, SP, Brasil)

Krigsner, Miguel
A essência de empreender : Como foi construído o Grupo Boticário, um dos maiores ecossistemas de beleza do Brasil / Miguel Krigsner. — 1ª ed. — São Paulo : Portfolio-Penguin, 2024.

ISBN 978-65-5424-023-9

1. Boticário (Firma) — História 2. Cosméticos — Indústria — Brasil — História I. Título.

24-188546   CDD-338.7646720981

Índice para catálogo sistemático:
1. Brasil : Grupo O Boticário : História 338.7646720981

Cibele Maria Dias — Bibliotecária — CRB-8/9427

Todos os direitos desta edição reservados à
EDITORA SCHWARCZ S.A.
Rua Bandeira Paulista, 702, cj. 32
04532-002 — São Paulo — SP
Telefone: (11) 3707-3500
www.portfolio-penguin.com.br
atendimentoaoleitor@portfoliopenguin.com.br

*Dedico este livro a Cecilia, Annete e Tatiana
— mulheres maravilhosas da minha vida —
e também às futuras gerações da minha família.*

SUMÁRIO

Nota do autor 9
Introdução 13

1. Filho do Holocausto 21
2. "Mi Miguel vai ser médico" 31
3. O poder das relações 43
4. Aprendendo a delegar 57
5. Da porta para fora 85
6. Crescer, mudar e manter os pés no chão 97
7. Da alquimia à potência multimarca 111
8. A transformação pela beleza — e pelas relações 127

Entrevistados 139

NOTA DO AUTOR

POR QUE ESCREVER UM LIVRO? Eu me fiz esta pergunta muitas vezes diante da sugestão que partiu de amigos, consultores e colegas de trabalho ao longo dos últimos anos. Por que a minha história e a da construção do Grupo Boticário interessariam a um público maior do que aquele formado por seus protagonistas? Decidi seguir em frente, quando começaram a surgir dentro de mim novas perguntas que eu ansiava responder.

Como não perder no tempo os detalhes por trás das décadas de construção da segunda maior rede de franquias[1] e um dos maiores ecossistemas de beleza do Brasil? Como retribuir para a sociedade as oportunidades e aprendizados que encontramos ao longo do caminho? Como reconhecer histórias de outras pessoas e empresas que se entrelaçam à minha, como pessoa, e à nossa, como organização? Como

---

1 Segundo o ranking de 2023 da Associação Brasileira de Franchising (ABF). O ranking analisa as cinquenta maiores franquias do Brasil em unidades. Disponível em: <https://www.abf.com.br/estudo-abf-retrata-50-maiores/>. Acesso em: 21 dez. 2023.

agradecer a confiança compartilhada com quem estabelecemos relações que foram — e ainda são — a base do negócio? Como olhar para a frente apesar da sensação de dever cumprido, com maturidade, ambição e novos sonhos? Este livro é a minha resposta a essas perguntas.

Muito já se escreveu e se falou, em artigos e reportagens publicados na imprensa, sobre a companhia que fundei em 1977. Uma pequena farmácia de manipulação que se tornaria o Grupo Boticário, uma rede com cerca de 4 mil lojas físicas espalhadas pelo Brasil e com produtos em quase 90 mil pontos de venda no país, além de lojas em outros quinze países. Mas faltava eu contar essa história, na primeira pessoa e da fundação ao momento atual, destacando, sem intermediários, as passagens mais marcantes. E aqui quero contar dos obstáculos, desafios, erros e acertos, conquistas, dilemas, superações e inovações. Um registro como este é saudável para a própria empresa e todos que trabalham com ela, pois ajuda a perenizar sua história e seus valores essenciais; para as próximas gerações das famílias que herdarão o negócio, como acionistas ou franqueadas; para os clientes, cada vez mais interessados em conhecer o que há por trás dos produtos que consomem; e para a história empresarial do país, contribuindo para o aprendizado de empreendedores do presente e do futuro.

Conseguimos encontrar, ocupar e expandir nosso espaço no Brasil em uma área antes dominada por marcas estrangeiras, em épocas e contextos em que isso parecia improvável. Construímos um negócio sólido e, ao mesmo tempo, dinâmico, em constante transformação, que hoje divide o espaço com startups em uma realidade completamente diferente. Se, por um lado, as oportunidades e possibilidades são maiores para os empreendedores que estão começando seus negócios, por outro, a competição também é — e acredito firmemente que ingredientes como o respeito às relações e à consistência continuam sendo os mais preciosos para a construção de um negócio de valor.

A história do Grupo Boticário, e consequentemente a minha, é o resultado da união de diversas outras histórias. Não há como contar a nossa trajetória sem contar a de tantos outros que fizeram e fazem parte dela — da minha família, dos colaboradores, dos franqueados, dos parceiros de mercado, dos clientes.

NOTA DO AUTOR

Por tudo isso, este livro é uma celebração do empreendedorismo, do papel transformador da beleza na vida de tantas pessoas, da superação de dificuldades e da convicção de que, com muito trabalho e as pessoas certas por perto, é possível ir muito além do que os olhos alcançam. É emocionante ver hoje o que aquela pequena botica em Curitiba se tornou: uma organização da qual milhares de pessoas fazem parte, direta ou indiretamente e que toca o coração de milhões de outras pessoas com os produtos que cria e serviços que oferece. Tudo isso é muito gratificante.

Mas minhas palavras aqui registradas estão longe de ser uma conclusão. Nossa história — e espero, a minha história — ainda terá muitos capítulos pela frente. Acredito sinceramente que estamos só no começo. Temos ainda muito futuro para criar.

INTRODUÇÃO

"ESTAMOS ENCERRANDO A FÁBRICA. Ou você leva todos os frascos de vidro, ou não leva nenhum" — foi o que ouvi do diretor de um galpão em São Paulo que visitei em abril de 1979, quando O Boticário tinha apenas dois anos de vida.

Naquela época, a minha pequena farmácia, que ficava na rua Saldanha Marinho, no centro de Curitiba, vendia manipulações feitas a partir de prescrições médicas e já tinha alguns poucos produtos cosméticos proprietários, como cremes e xampus. Eu não fazia tudo sozinho. Além da minha equipe, Eliane Nadalin, minha colega de faculdade, e outros dois sócios dermatologistas, contava com a parceria de empresas especializadas em fragrâncias, como a casa internacional de fragrâncias Dragoco, atual Symrise. Meu contato era José Crispim, gerente de vendas, que apresentava novidades e me oferecia amostras de essências.

Em uma de minhas visitas à Dragoco, Crispim comentou sobre um galpão em São Paulo, que estava lotado de embalagens de vidro para vender. Explicou que o dono do espaço, um empresário, havia criado uma empresa de cosméticos, contratado executivos da área e já tinha até investido em marketing, mas a marca, chamada Chanson, não havia vingado. Disse também que esse empresário tinha negócios na televisão e já comandava o próprio programa havia mais de uma década. Crispim estava falando de Senor Abravanel, o Silvio Santos.

Ao chegar ao galpão com Crispim, encontrei caixas cobertas por um pó branco, parecido com talco, o que me trouxe a sensação de que todos aqueles vidros estavam ali havia um bom tempo. A maioria dos frascos tinha o formato de ânfora, imitando vasos antigos de origem greco-romana, ovais no corpo e alongados na ponta superior.

Gostei dos vidros e fui ingenuamente falando as quantidades que gostaria de levar de cada um: 1200 de um tipo, 2 mil de outro, até que o diretor me interrompeu e deixou clara a regra da venda. Silvio Santos precisava do espaço vazio o mais rápido possível para fazer gravações para a televisão e, portanto, era urgente se desfazer de um estoque de aproximadamente 70 mil frascos.

Fiquei atônito. Nunca tinha passado pela minha cabeça adquirir aquele volume de vidros de uma vez só. O Boticário ainda não fabricava itens de perfumaria, portanto não tínhamos nem líquido para preencher os frascos. Por dentro, em estado de choque diante da oferta, tentava arquitetar maneiras de sair daquela situação sem ser indelicado; por fora, mantive a expressão neutra e permaneci em silêncio por alguns segundos, balançando a cabeça afirmativamente bem devagar para ganhar tempo.

"Olha...", comecei a falar assim que tive uma ideia, "eu levo, mas só se eu puder pagar em doze parcelas, ao longo de um ano."

Eu sabia que a condição de pagamento que havia proposto poderia soar comercialmente inaceitável para o diretor — já que o galpão estava pronto para fechar —, mas meu plano inicial consistia justamente em ele não aceitar a proposta. Ao lançar a ideia, entretanto, eu também assumi o risco de ter uma resposta positiva.

Por mais que aquele volume de vidros me assustasse, minha intuição dizia que, se eu quisesse começar a parte de perfumaria da farmácia — e eu queria —, seria preciso ter um frasco capaz de atrair clientes. Eu também sabia que criar algo do zero levaria tempo e custaria mais caro — esse processo começaria com o trabalho de design, passaria pela criação do molde, depois avançaria para a fase de testes para só então chegar à etapa final, dos pedidos, que geralmente precisavam ser feitos em grandes quantidades para compensar o investimento na produção de uma fábrica de vidros. Na ponta do lápis, apesar de as minhas condições financeiras naquele momento não serem as ideais para comprar os 70 mil frascos prontos, no futuro aquela negociação me pouparia tempo e dinheiro.

Calculei mentalmente o risco e as vantagens de fechar o negócio e reforcei a proposta: "Pagamento em doze parcelas, durante um ano. Além dos frascos, preciso da patente com os moldes, por favor". O diretor arregalou os olhos, com ar de surpresa, e respondeu que precisaria consultar o responsável pelos depósitos sobre a proposta. Saiu pela porta dos fundos, enquanto eu aguardava entre aquela montanha de caixas. Ele demorou tanto tempo que fiquei imaginando até qual instância a consulta chegou — possivelmente até o Silvio Santos. Ao retornar, me fez uma contraproposta: "Aceitamos o pagamento em dez vezes, e negócio fechado!".

Quem paga em doze paga em dez. Eu não tinha argumentos. "Negócio fechado", concordei. Trouxemos centenas de caixas de São Paulo para Curitiba de caminhão, que foram distribuídas entre o depósito da minha farmácia e os fundos da clínica de um amigo.

Na minha cabeça, a prioridade era armazenar os frascos, depois encontrar as fragrâncias certas — nessa ordem. E só depois vendê-las para gerar caixa e conseguir pagar as duplicatas. As primeiras três parcelas foram as mais difíceis de quitar. Eu ainda estava em busca das melhores fragrâncias, e a venda dos outros produtos da loja não era expressiva a ponto de ajudar com a dívida. Foi uma das poucas vezes, ao longo de toda a minha vida como empresário, que visitei o banco para pedir um empréstimo. Só assim consegui cobrir o valor das parcelas iniciais e me concentrar em encontrar as essências ideais.

A fragrância perfeita

A compra dos milhares de frascos rapidamente me tornou um obstinado em achar a fragrância perfeita. Eu já tinha desenvolvido uma sensibilidade para escolher as essências, pois fabricava produtos cosméticos, o que me ajudava a reconhecer os perfumes que faziam sucesso no Brasil e que, geralmente, eram importados pela elite.

O mercado de perfumaria nacional ainda era incipiente no fim dos anos 1970 e início da década de 1980. Até então, poucas fragrâncias de luxo haviam sido criadas no Brasil, como o Rastro, lançado em 1965 pelos irmãos Aparicio e João Carlos Basilio da Silva, e a colônia Giovanna Baby, da empresária Giovanna Kupfer, para o público infantil. Antes disso, a década de 1970, marcada pelo regime militar, foi um período de baixa criatividade na área cosmética e de perfumaria brasileira. O mercado nacional concorria com perfumes já estabelecidos de casas de luxo, como o Chanel nº 5, da Chanel, Opium, de Yves Saint Laurent, e Eau Sauvage, de Christian Dior. O varejo, por sua vez, era dominado por artigos populares de higiene pessoal.

Nesse cenário, identifiquei a oportunidade de unir a qualidade internacional com a produção brasileira. Naquela época, as principais indústrias de fragrância mundial já haviam iniciado suas atividades no Brasil, como a própria Dragoco, Givaudan e IFF. Decidi, então, adquirir essências de empresas estrangeiras e desenvolver produtos mais sofisticados, pensando no mercado e no consumo brasileiros, além de priorizar o menor custo possível — uma tarefa complexa, pois as casas de essências estavam acostumadas a vender grandes volumes para empresas maiores.

A produção de essências em larga escala era o método mais adequado para as multinacionais, já que o processo era consideravelmente demorado e, com isso, o custo de produção para quem comprava em menor quantidade podia ser multiplicado por até sete vezes. Mas, para mim, a qualidade nunca foi negociável. Pagaria o que pudesse para ter um item de alto padrão e, ao mesmo tempo, acessível aos consumidores.

Fiquei com a ideia fixa de criar um produto destinado a mulheres de classe média, mas com a mesma qualidade daqueles que as consumidoras de alta renda compravam fora do país. Queria desenvolver uma fragrância que representasse o Brasil, que fosse apropriada ao clima tropical e emanasse frescor e leveza. Para chegar a ela, selecionei doze essências diferentes, quatro masculinas e oito femininas. Cada uma, até então, seria armazenada no mesmo tipo de frasco em formato de ânfora, mas com particularidades que serviriam para diferenciar as fragrâncias, como se todas fizessem parte de uma coleção. Pintei alguns frascos de azul, outros de amarelo, e o restante deixei incolor, mas fosco. As tampas também eram diferentes. Todos os modelos foram criados no último andar da minha botica.

Os ingredientes das fragrâncias — álcool, água, essência e fixador — eram misturados nos garrafões em que minha tia Sônia, irmã mais nova do meu pai, preparava vinho caseiro durante a Páscoa judaica. Como ela só os usava naquela data do ano, eu os aproveitava no restante do tempo. Antes de envasar os líquidos prontos nas ânforas, utilizava uma camada fina de papel para filtrar a fragrância, que depois passava por um sistema de mangueira que eu mesmo havia desenvolvido, até ser finalmente despejado nas embalagens de vidro. Essa foi a primeira fábrica d'O Boticário.

O cheiro do Brasil

Nos últimos meses de 1979, em uma das minhas rotineiras visitas a São Paulo, fiz reuniões com o time técnico da Dragoco. Tinha uma ótima relação, não apenas com o José Crispim, mas com outras pessoas da empresa. A equipe comercial apostou nas ideias junto comigo e acordou condições de pagamento, prazos e preços vantajosos para os dois lados. Desenvolvi um afeto especial pelos perfumistas, tão relevantes para o florescimento do negócio que eu começava a construir. Eles se tornaram mais do que fornecedores: amigos, daqueles com quem dava vontade de tomar um bom café, esticar a conversa, falar sobre amenidades e desafios do negócio.

Em uma dessas despretensiosas conversas com o time da Dragoco, encontrei a perfumista Maria Elisabeth Martins de Oliveira, conhecida como Beth, que, intrigada, me entregou uma fitinha olfativa para saber minha opinião: "O que você acha dessa fragrância?". Ela estava grávida, e buscava uma fragrância mais fresca, menos enjoativa do que uma puramente floral, por exemplo. Sem saber da minha empreitada, também queria desenvolver um cheiro que combinasse com o nosso clima e natureza — algo que transportasse a consumidora automaticamente para o nosso país, onde quer que estivesse. Nós dois estávamos em busca da mesma essência.

Lembro do exato instante em que senti aquela fragrância pela primeira vez. Havia um toque fresco e suave, era doce na medida certa, delicada, mas não totalmente feminina. "Gostei, excelente!", disse na hora. Beth, então, foi logo me alertando de que ainda não estava pronta. Contou que trabalhava na essência havia tempos — já era o 18º ensaio —, mas que ainda precisava "arredondar", pois a fragrância estava com "pontas" a serem trabalhadas. A perfumaria tem seu vocabulário próprio, com o qual eu já era familiarizado. Ficou claro, portanto, que ela acreditava que ainda faltavam alguns passos até o produto ficar pronto, mas discordei.

A fragrância que senti era perfeita. Eu não saberia o que sugerir para ajudá-la a evoluir o produto. Deveria diminuir as notas mais fortes? Aumentar a nota de cabeça? Levantar o frescor? Suavizar a nota de saída? Voltei a fitinha para perto do meu nariz e reforcei a convicção: "Na minha opinião, o trabalho está pronto. Quero comprar a fragrância como está".

Surpresa com meu pedido, Beth elevou as sobrancelhas, e, quando percebeu que eu não estava brincando, pediu alguns minutos para falar com o seu diretor. Por um lado, estava contrariada, insistindo em finalizar o trabalho. Por outro, aquela era uma venda inesperada e bem-vinda. Para minha sorte, ela voltou com boas notícias. O relógio marcava onze horas, e meu voo para Curitiba seria às dezesseis horas. Embora corrido, daria tempo de o time separar um quilo da essência para ser transportada ao Paraná.

Já de volta à sobreloja da farmácia, olhei para todas as ânforas ao redor, buscando aquela que seria perfeita para envasar "o cheiro do Brasil", como o apelidei. Optei por uma embalagem de vidro de 210 ml, com um toque fosco, diferenciando-a da maioria dos produtos de perfumaria.

Com a fragrância e o frasco prontos, precisaria de um nome forte para apresentar o novo produto brasileiro ao mercado. Não demorei para chegar a "Acqua Fresca".

INTRODUÇÃO

Nomear as fragrâncias é uma diversão à parte. Sempre gostei de sugerir nomes — e, modéstia à parte, tive boas ideias — para os produtos. Nesse caso, a intenção era deixar explícito para as clientes o que elas iriam encontrar — e sentir — ao borrifar o líquido em seu corpo. "Água Fresca" foi o que veio à mente, mas "Acqua" — em italiano — trouxe um ar refinado, que julguei ser importante ao entrar num mercado dominado por perfumaria importada.

Enquanto os perfumistas d'O Boticário produziam o Acqua Fresca em série, eu treinava pessoalmente as colaboradoras para que vendessem o produto. Sempre que contratávamos alguém, eu ligava em nosso número quando não estava na loja, e me passava por cliente para ouvir como apresentariam o produto. Questionava preço, qualidade, local de produção. Além dessas informações, eu estava interessado em saber o nível de carinho com o qual as vendedoras tratariam os clientes, fossem eles quem fossem. Sempre fui muito brincalhão, então, ao final, eu costumava me identificar e parabenizar pelo trabalho. Se tivesse algum ponto para melhorar, eu instruía cuidadosamente.

Quando o Acqua Fresca foi lançado, ainda em 1979, O Boticário já havia aberto a primeira loja com produtos exclusivos no Aeroporto Afonso Pena, na região metropolitana de Curitiba. Com um ponto de venda estratégico e mais clientes conhecendo a nossa marca, o produto começou a bater recordes de vendas. A produção escalou de forma inimaginável e alçou voos internacionais, tornando-o o segundo item de perfumaria mais vendido no mundo na década de 1980, perdendo apenas para o icônico Chanel nº 5, desenvolvido pelo perfumista Ernest Beaux.[1] A essa altura, definitivamente, a dívida com Silvio Santos deixou de me preocupar.

---

1 Essa informação consta no livro de 35 anos do Grupo Boticário.

1
Filho do Holocausto

EM DIAS ILUMINADOS E SILENCIOSOS, eu era capaz de passar muito tempo brincando na janela do meu quarto. Em 1957, aos sete anos de idade, sentia uma enorme satisfação ao concentrar toda a minha atenção a dezenas de caixinhas de grafite, feitas de plástico transparente, que contemplava com a devoção de um colecionador. Eu as ganhava da dona de uma papelaria perto da escola, aonde ia toda semana e observava sem pressa o que via ao redor: canetas coloridas, lápis, papéis variados... e as tais das caixinhas de grafite.

Cheguei a ter cerca de quarenta delas e, com movimentos suaves e minuciosos para uma criança, eu as enchia com água da torneira, uma a uma. Em seguida, pegava um pincel bem fino, molhava na aquarela — com tintas azul, verde, amarela, rosa — e pingava uma gota em cada tubinho. Me encantava ver a água ficando colorida, sem perder a transparência. Então, eu enfileirava aquelas caixinhas no parapeito da janela do quarto, cuidadosamente, até ocuparem toda a extensão da superfície. Depois de horas, que voavam como minutos, o cenário estava pronto. Sentado no chão, admirava as cores em constante movimento, dissolvidas na água e atravessadas pela luz do dia, que iam mudando de tom ao anoitecer.

Eu morava numa rua de terra em La Paz, capital da Bolívia, com meu pai, Jacob, minha mãe, Anneliese, e minha irmã caçula, Miriam. Nós não estávamos ali por acaso. Meus pais eram judeus, sobreviventes do regime nazista.

Meu pai era um cidadão polonês que nasceu em 1910. Quando a Alemanha invadiu a parte oeste da Polônia, em 1939, ele foi abrigado por um amigo não judeu que o escondeu por três anos dentro de um depósito de milho que ficava no porão de sua casa. Naquela época, início da Segunda Guerra Mundial, mais de 3 milhões de judeus poloneses foram submetidos ao controle nazista. Depois de 1941, quando a União Soviética — que havia anexado a região leste da Polônia — foi invadida pelos alemães, esse número aumentou ainda mais. O regime nazista na Alemanha queria controlar a numerosa população judaica da região, forçando-a a residir em guetos — bairros murados, onde judeus viviam confinados e em condições miseráveis. O maior gueto da história foi o de Varsóvia, estabelecido em outubro de 1940, que aprisionou mais de 400 mil pessoas.

Jacob, meu pai, perdeu cerca de 22 familiares, assassinados em campos de concentração durante o Holocausto. De todos os parentes próximos, ele, um irmão e duas irmãs felizmente conseguiram escapar da morte. Não foram raras as vezes que acordei durante a madrugada com os gritos do meu pai ao despertar de mais um pesadelo em que ele se via perseguido pelos alemães.

Com o fim da guerra, em 1945, meu pai abrigou-se junto com outros sobreviventes em campos de refugiados na Polônia e na Alemanha desnazificada. Esses campos, localizados principalmente em regiões que hoje correspondem aos territórios alemão, austríaco e italiano, eram administrados pelos países aliados (França, Inglaterra, Estados Unidos e, posteriormente, União Soviética), os vencedores da guerra, e serviam de abrigo para aqueles que aguardavam alguma oportunidade para sair da Europa. Nesses campos, meu pai teve a chance de redefinir com algum grau de tranquilidade, proteção e dignidade, depois de um longo e árduo período de injúrias, os passos seguintes rumo ao sonho de uma nova vida — quem sabe, em liberdade.

Muitos outros judeus fizeram o mesmo que meu pai, já que não tinham mais família, bens materiais nem perspectivas de vida. Na época, esses abrigos, espalhados por diversas regiões na Europa Central, eram responsáveis também por cadastrar, em listas feitas à mão, o nome dos refugiados para que outros familiares, de qualquer lugar do mundo, pudessem localizá-los ou, ao menos, ter alguma notícia deles.

À procura de um refúgio seguro, meu pai emigrou para a Bolívia em 1948, país que durante o Holocausto abrigou milhares de judeus. Considerado o "Schindler da Bolívia", um dos principais responsáveis por salvar judeus do regime nazista foi Moritz Hochschild, alemão de origem judaica e magnata da mineração. Documentos encontrados no fim dos anos 1990, arquivados pela Corporación Minera de Bolivia, revelam que o empresário salvou 22 mil pessoas, oferecendo-lhes emprego nas minas e na agricultura.

Meu pai foi atraído para uma nova vida em La Paz quando soube que sua irmã mais nova, a minha tia Sônia (aquela que, mais tarde, me emprestaria seus garrafões de vidro para fazer perfumaria), também havia emigrado para lá. Depois de ter sobrevivido à guerra fingindo ser uma polonesa não judia e trabalhado como empregada doméstica na casa de alemães, Sônia também foi em busca de uma vida nova na América do Sul.

Já a minha mãe nasceu na Alemanha, em 1927, em uma família com alto poder aquisitivo e bom nível cultural. Diferentemente do meu pai, ela não chegou à Bolívia sozinha, tampouco depois de terminada a guerra. Ao contrário, foi para a América Latina acompanhada de seus pais, antes mesmo de a guerra começar.

Em novembro de 1938, depois da chamada "Noite dos Cristais" — um ato de violência nazista contra os judeus em toda a Alemanha que incendiou sinagogas, saqueou lojas e destruiu casas de famílias judias —, os meus avós decidiram fugir para a Itália. Ainda naquele ano, o governo fascista de Benito Mussolini proibiu crianças judias de frequentar escolas públicas ou particulares, ordenou a demissão de judeus do corpo docente de todas as universidades e impediu que eles ocupassem cargos em repartições públicas. Além disso, o governo italiano instituiu um regime de segregação racial, a Lei Falco, obrigando judeus considerados perigosos a viver sob controle policial em pequenas cidades da Itália central.

O clima pouco hospitaleiro do país levou meus avós e minha mãe para a Bolívia. As irmãs mais velhas da minha mãe, Ruth e Ilze, foram para a Palestina, alistaram-se no Haganá — a principal organização paramilitar da população judaica entre 1920 e 1948 — e lutaram pela independência de Israel.

Essas histórias não são apenas capítulos da minha ancestralidade, mas também os de um povo inteiro marcado por esse trágico episódio histórico. São como cicatrizes que deixam marcas para sempre. Minha irmã Miriam e eu, como filhos do Holocausto, pertencemos à primeira geração pós-guerra.

O berço familiar

Na Bolívia do fim dos anos 1940, meu pai encontrou um país de população majoritariamente indígena que tinha várias línguas, além do espanhol como idioma oficial. Não havia, portanto, espaço para o polonês ou iídiche (idioma germânico das comunidades judaicas da Europa Central e Oriental, muito semelhante ao alemão), os únicos nos quais ele sabia se comunicar.

Com pouco mais de dez dólares no bolso, no mesmo dia em que chegou ao país encontrou Sônia, deixou a bagagem em sua casa e saiu à procura de trabalho para sobreviver. Logo tornou-se mascate — em iídiche, a profissão era conhecida como *klaper*, vendedor que bate de porta em porta para oferecer suas mercadorias (no caso do meu pai, roupas). Jacob analisava e controlava suas vendas em um caderno de crédito que continha as formas de pagamento de cada cliente. Em busca de aumentar a renda, passava boa parte do dia longe de casa, visitando compradores para apresentar novas mercadorias ou fazer cobranças. Em alguns dias da semana, subia até as minas de estanho — nas cidades de Oruro e Potosí — para vender aos mineiros. Esse era o formato de comércio predominante no país durante os anos 1950.

Frequentador assíduo do clube judaico de La Paz, meu pai costumava participar de jogos de carteado. As apostas eram feitas com pequenos valores, pois a maioria dos judeus — sobreviventes da guerra e recém-

-chegados no país com suas famílias — não tinha recursos relevantes. Sentados nas mesas de bar, os membros do clube passavam horas da noite na jogatina. Foi assim que meu pai e meu avô Ricardo, pai de minha mãe, se conheceram.

Em 1948, ano em que meu pai chegou ao país, durante uma partida, ele contou brevemente a sua história de vida, e o meu avô logo notou a semelhança com sua própria trajetória. A dor da perda de familiares durante o Holocausto e as lembranças da guerra os uniram. Meu pai contava ter sentido uma forte conexão com o meu avô e dizia que foi fator decisivo para que logo se tornassem parceiros de jogo. Até que chegou o dia em que meu avô o convidou para um almoço de domingo na sua casa. Foi nessa ocasião que ele conheceu minha mãe.

Anneliese despertou no meu pai curiosidade, interesse e um forte impacto emocional — e encontrou reciprocidade. De um lado, Jacob estava encantado com a beleza e a delicadeza de minha mãe. De outro, minha mãe, diante de um homem dezessete anos mais velho, trabalhador e destemido, sentiu a segurança de que precisava para começar uma nova caminhada.

Como meu pai era fluente em iídiche, a comunicação entre os dois se deu facilmente. Depois daquele domingo, eles passaram a se encontrar no clube judaico e, apenas três meses mais tarde, veio o casamento com minha mãe: uma cerimônia simples e familiar, para cerca de dez pessoas, na casa da tia Sônia. No cardápio, sanduíches naturais e algumas poucas garrafas de cerveja e refrigerante. Era o que eles podiam oferecer na época. Começaram a vida a dois, e eu nasci logo em seguida, em 1950. Cinco anos mais tarde, veio minha irmã.

Mas o amor que os uniu, infelizmente, não foi forte o suficiente para superar as divergências da vida cotidiana. Um dos fatores que contribuiu indiretamente para desgastar o relacionamento dos meus pais foi o contexto histórico da Bolívia. Embora tenhamos escapado do terror do Holocausto, vivíamos um momento conturbado na América do Sul no fim da década de 1950. A Revolução Boliviana, decorrente das tensões entre a pequena classe dominante local, de um lado, e camponeses e trabalhadores mineiros, de origem majoritariamente indígena, de outro, havia começado alguns anos antes, em 1952.

Uma parcela enorme da população era empregada, em condições de quase exploração, nas minas de estanho, as quais pertenciam a um grupo de três grandes famílias — a oligarquia do país, conhecida como "La Rosca" — e ficava em cidades nos arredores da capital. Com frequência, os mineiros iam até La Paz durante a noite e disparavam tiros de espingarda Mauser, uma fabricante alemã. Nesses momentos, corríamos para nos abrigar no meu quarto, agachados juntos, diante daquela mesma janela que era palco dos meus tubinhos de aquarela coloridos, vívidos e alegres. Ficávamos ali, escondidos e amedrontados. Muitas vezes, dormíamos no chão até o dia seguinte.

O clima na minha casa estava sempre carregado de nervosismo proveniente desse contexto. Havia também o peso do conturbado relacionamento entre minha mãe e meu pai. Eles não tinham uma relação harmônica e hoje consigo entender que eram, de certa forma, incompatíveis.

Cresci os vendo fisicamente juntos, mas emocionalmente desconectados, sem qualquer parceria ou cuidado um com o outro — qualidades que considero essenciais em um casamento. O distanciamento entre eles pode ser explicado pela diferença de idade de quase duas décadas, além do contexto histórico em que cada um viveu previamente. Jacob chegou a presenciar duas guerras mundiais, ao contrário de Anneliese, que nasceu quase dez anos depois da Primeira Guerra. Meu pai cresceu no campo e levou uma vida humilde, sem abundância de recursos financeiros. Minha mãe teve uma realidade de mais privilégios, além da oportunidade de estudar e se formar professora.

A personalidade e o estilo de vida que meu pai levou por anos, na Bolívia, talvez também tenham contribuído para seu afastamento. Ele passava muitas horas fora de casa, durante o dia e também à noite. Depois do expediente, costumava frequentar o clube judaico, onde imigrantes vítimas da guerra se reuniam com amigos para comer e se divertir. Lá também havia espaço para crianças brincarem, mas minha mãe não tinha condições — nem físicas, nem psicológicas — de acompanhar o ritmo de meu pai. Só bem mais tarde entendi que, durante muitos anos, ela sofreu de depressão. Por isso, ficava sempre em casa, cuidando de mim e de Miriam.

Na nova vida, um adeus

Em 1961, saímos de La Paz e nos mudamos para o Brasil. Minha tia Sônia havia emigrado para Curitiba cinco anos antes e começado um negócio de venda de roupas. Para ficarmos próximos dela, meu pai decidiu seguir o mesmo caminho. Moramos com tio Wolf, marido da minha tia, Jaime e Isac, meus primos, por cerca de seis meses. A casa era espaçosa, com um amplo quintal nos fundos.

Viver ali era uma farra. O filho de Sônia, Jaime, e eu tínhamos a mesma idade (onze anos), e ele foi um grande companheiro desde a minha chegada ao Brasil. Foi na casa deles que experimentei churrasco pela primeira vez, chegando até a roer o osso de um corte que se chama T-bone. Ao ver a cena, Jaime riu da minha falta de experiência. Brincávamos de todo tipo de jogos e fomos para a escola juntos. Ele me ajudou a aprender o português, já que eu só falava espanhol quando cheguei a Curitiba.

Apesar da mudança de ares e da convivência com outros membros da família, a saúde da minha mãe já estava bastante debilitada, e ela não conseguia se manter ativa. A maioria das recordações que guardo dela é de períodos em que ela já estava doente. Sempre trajando roupas confortáveis, andando a passos lentos pela casa, muitas vezes com uma receita médica nas mãos. Suas idas a consultas eram parte da rotina.

Poucos meses depois de chegarmos ao Brasil, descobrimos que boa parte da sua indisposição, além da condição depressiva, vinha de um câncer no útero. Minha mãe tinha apenas 34 anos, e, no início da década de 1960, os diagnósticos médicos eram imprecisos por falta de recursos tecnológicos. Por esse motivo também, os tratamentos oncológicos não eram nada sofisticados como são hoje, as chances de cura eram muito baixas, e o quadro de minha mãe se tornava mais grave a cada dia. Por tudo isso, ela morreu jovem.

Uma das últimas alegrias que dei a ela foi a minha aprovação no Colégio Estadual do Paraná, no centro de Curitiba. Na época, era necessário fazer uma prova para ser admitido no colégio, já que as vagas eram muito concorridas. Passávamos por um ano difícil, além dos seus desafios de saúde, éramos recém-chegados no país, não falávamos a língua local nem tínhamos muitos recursos financeiros. Mesmo assim, arrisquei. O resultado foi anunciado pelo diretor no palco da antessala do colégio. Minha mãe estava presente e vibrou, como poucas vezes a vi fazer, quando ouviu meu nome ser chamado para receber a carta com as diretrizes da matrícula.

Já faz mais de sessenta anos de sua morte, mas, às vezes, tenho a sensação de que foi ontem. Era fim de tarde de um sábado, em março de 1962. Ela estava internada no Hospital Nossa Senhora das Graças, no centro de Curitiba. Seu corpo arcado, já sem forças para movimentar-se com destreza, estava ainda mais magro que o habitual, com o contorno dos ossos bem aparente. Miriam e eu fomos visitá-la com meu pai, ficamos um tempo no quarto e, depois, descemos até o jardim para brincar, enquanto eles conversavam sozinhos, até que Jacob veio nos buscar para voltarmos para casa.

Naquela madrugada, meu pai me acordou com a notícia do falecimento da pessoa mais importante da minha vida. A preparação do corpo e a breve cerimônia antes do fechamento do caixão, por desejo dele, foram em nossa casa. Para que nem eu, nem Miriam tivéssemos contato com o corpo de nossa mãe, em um ato de cuidado e preservação, ele pediu que ficássemos na casa de uma vizinha, em outro andar do prédio. Enquanto eu saía de casa, curioso e atordoado na busca de respostas por estar vivendo aquele momento tão difícil, olhei para trás e vi o corpo da minha mãe estirado no chão da cozinha. Ela já estava vestida com o *tachrichim*, uma mortalha de cor branca, sem ornamentos, que na tradição judaica representa a neutralidade com que a alma deve se encontrar com o Criador e a igualdade entre os seres humanos.

Essa é a última imagem que tenho da minha mãe. Para nós, judeus, não é comum velar o corpo sem vida. Logo depois do falecimento, a pessoa é vestida com a mortalha, colocada em um caixão simples, rapidamente fechado e jamais reaberto. A cerimônia do enterro foi dolorosa. Chovia muito no dia, e a terra que era jogada em cima de seu caixão mais parecia lama, tamanha era a quantidade de água que caía do céu. O ruído daquele barro em choque com a madeira me soava alto demais. Era uma tormenta. Um momento que parecia nunca ter fim.

De longe, essa foi a primeira e também uma das maiores frustrações da minha vida. Perder a minha mãe sempre me soou injusto. Minha irmã e eu ainda éramos tão jovens, eu com doze anos e ela com sete. Fomos precocemente privados do carinho e cuidado de Anneliese. Esse sentimento de indignação me acompanhou por muito tempo. Na escola, não me conformava com a falta de empatia com crianças sem pais. Pensava: "Como é que todos podem comemorar o Dia das Mães se muitas das crianças as perderam?". Sempre achei errado, mas não havia o que fazer. O vazio que a morte de minha mãe deixou em mim nunca foi preenchido — e ainda hoje tenho convicção de que nunca será.

Adolescência rebelde

Em janeiro de 1963, quase um ano depois da morte da minha mãe, aconteceu o meu bar mitsvá, cerimônia que marca a maturidade religiosa do homem no judaísmo. Uma celebração importante que é festejada por toda a família, mas que, no meu caso, não foi muito alegre, pois eu ainda vivia o luto. Até um ano depois da perda de um ente querido, fazemos diariamente o kadish, uma prece em homenagem à pessoa que partiu. Para não faltar com o rito, saí do meu bar mitsvá e fui direto para a sinagoga.

A partida de Anneliese deixou marcas em toda a família. Meu pai, viúvo aos 52 anos, não se casou novamente. Ele temia que uma madrasta não fosse capaz de tratar minha irmã e eu de forma carinhosa e dedicada, como nossa mãe sempre fez. Contudo, teve alguns relacionamentos amorosos durante nossa adolescência.

Como ele estava ocupado diariamente com a loja e era afeito a noitadas e carteado (embora nunca tenha tido o hábito de beber), Miriam e eu praticamente nos criamos sozinhos. As cuidadoras que trabalhavam em casa foram importantes para ajudar nas tarefas domésticas e na nossa rotina, mas não substituíam o afeto materno.

A intensidade do carinho que minha mãe sempre teve comigo foi proporcional à revolta que desenvolvi como reação a sua morte. Notei ao longo dos anos que, apesar de esse sentimento ter se tornado mais brando, ele nunca sumiu. Até por volta dos dezessete anos, encontrei na rebeldia um jeito de expressar a indignação. Fui um aluno indisciplinado. Reprovei um ano no colégio e outro na educação técnica por não frequentar as aulas. Alguns dias, fugia da escola para ir ao cinema, que sempre foi uma paixão, ou para vagar pelas ruas de Curitiba. Quando ia para a escola, não era dos alunos mais comportados e tumultuava os grupos com brincadeiras que me levavam com frequência à sala da diretoria.

Minha vida só tomou uma direção aos 22 anos, em 1972, quando, a contragosto do meu pai, que desejava que eu fosse médico, ingressei no curso de farmácia e bioquímica na Universidade Federal do Paraná, em Curitiba. Aos 27, inaugurei a botica de manipulação de fórmulas dermatológicas numa rua estreita de paralelepípedos no centro da cidade. Atrás do balcão, comecei aos poucos a testar misturas e a me sentir seduzido pelas possibilidades das essências, fragrâncias, cores, frascos. Aquela sensação de encantamento me remetia à do pequeno Miguel, brincando com suas caixinhas de grafite de lapiseira cheias de águas coloridas reluzidas pelo sol. Era como se aquela brincadeira, assim como eu, tivesse passado por um difícil, mas bonito processo de amadurecimento, e que à frente se transformaria em cremes, xampus e itens de perfumaria coloridos. Dentro de mim, eu sabia que havia encontrado o meu caminho. Só não tinha ideia do quão longe ele me levaria.

2
"Mi Miguel vai ser médico"

ENQUANTO EU AGUARDAVA A RESPOSTA do dono do galpão de São Paulo — um tanto apreensivo com a proposta que havia feito, pois ainda não sabia se levaria todos aqueles 70 mil frascos de vidro para Curitiba —, lembrei de quando chegamos ao Brasil e meu pai abriu sua primeira confecção. Eu tinha por volta de catorze anos.

A loja ficava em um prédio comprado em sociedade com a minha tia Sônia, na xv de Novembro, uma das ruas mais importantes e movimentadas de Curitiba, onde foi inaugurado o primeiro calçadão do Brasil exclusivo para pedestres, numa época em que a prefeitura desenvolveu um planejamento urbano para humanizar os espaços públicos. Depois da morte precoce da minha mãe, passei a acompanhar mais de perto o negócio da família e ajudar meu pai no que fosse preciso. Saía do colégio e ia para a loja dobrar peças, operar o caixa, organizar estoque e varrer o chão.

Fazia parte da rotina do meu pai viajar para São Paulo em busca de mercadorias para a confecção. De volta de uma dessas viagens, Jacob chegou em casa de madrugada, em torno das quatro horas da manhã. Ele tinha uma grande novidade para contar e não esperou o amanhecer. Ignorou o fato de que eu estava dormindo e se encaminhou direto para o meu quarto. Lá, ajoelhou-se ao lado da cama, encostou sua mão no meu ombro, me chacoalhando delicadamente, e chamou meu nome baixinho. Assim que abri os olhos, ele me disse, ainda sussurrando: "Comprei um prédio de três andares".

Tratava-se de um imóvel na rua da Graça, no bairro central paulistano do Bom Retiro, local repleto de pequenas indústrias, galerias e lojas que comercializavam principalmente roupas. Na época, o bairro era habitado e frequentado por muitos imigrantes judeus, que se mudaram para lá na esperança de começar uma nova vida. Não por acaso, a região recebeu, em 1912, a primeira sinagoga do estado de São Paulo, que, mais recentemente, em 2016, passou a abrigar também o Memorial da Imigração Judaica. Atualmente, a Kehilat Israel ocupa o piso térreo do memorial; nos outros três, podem ser encontrados documentos e obras judaicas. Muitos dos moradores da região tiveram a oportunidade de abrir comércios e, graças a essa atividade profissional, puderam educar seus filhos em colégios bem-conceituados. Logo, essa nova geração se profissionalizou e ampliou suas possibilidades de atuação no mercado, dissipando aos poucos a tradição do trabalho exclusivo na área do comércio.

Fiquei surpreso com a novidade do meu pai porque na época a nossa família vivia um período de escassez de recursos, e ele sempre foi transparente comigo e com minha irmã sobre o assunto. Nada nos faltava, mas também não sobrava dinheiro para um investimento daquela magnitude. Mesmo ainda jovem, eu tinha certa compreensão da nossa condição financeira e logo em seguida perguntei ao meu pai: "Como pagaremos esse prédio?". Com um tom tranquilo, mas firme e destemido, alicerçado na experiência de uma vida de muito trabalho e esforço, ele me respondeu com um sorriso: "Devagarinho, mês a mês, daremos um jeito de quitar as parcelas".

Qualquer semelhança com a proposta que fiz ao dono do galpão em São Paulo não é mera coincidência. Nos registros mais profundos da minha memória, me reencontrei com a história do meu pai. "Você venda suas calças, mas não atrase seus pagamentos" — era o que eu ouvia durante as tardes que passava em sua loja, ou em outras conversas que escutava ele ter com seus fornecedores e clientes. O ensinamento número um de Jacob era "honrar os compromissos", e isso me ajudou a desenvolver um senso de responsabilidade desde cedo, além de reverberar nas primeiras decisões que tomei ao assumir a empreitada daquilo que um dia viria a se tornar O Boticário.

Dilema sobre o futuro profissional

Sempre muito ocupado com o trabalho, meu pai não acompanhava de perto os detalhes do meu desempenho acadêmico, mesmo assim ficava furioso e esbravejava toda vez que eu contava que tinha sido reprovado ou havia causado algum tumulto na escola. Em um desses episódios, enquanto comunicava sobre uma das minhas reprovações de ano (foram duas no total) ao lado do caixa da loja, furioso, ele jogou em meu rosto o dinheiro que estava em suas mãos.

A primeira vez que ele se posicionou mais claramente sobre meus estudos foi quando concluí o colégio e comecei a pensar na escolha da faculdade: "Mi Miguel vai ser médico" — era o que ele sonhava, e, quando o assunto vinha à tona, passou a dizer não só para mim, mas para todos.

Na época, pais de classes média e alta no Brasil costumavam apostar na tríade de profissões que prometia um futuro bem-sucedido, do ponto de vista financeiro e de status social: direito, engenharia e medicina. Pessoalmente, eu não sonhava com nenhum dos caminhos que essas profissões ofereciam, mas também não tinha um plano próprio. Até então, o "amanhã" não era algo que tomava meus pensamentos. A revolta pela perda da minha mãe se transformara em pouco-caso, e eu ia levando o presente sem nutrir expectativas. No entanto, via meus colegas de escola viverem o auge da juventude, planejando a formatura da graduação e começando a trabalhar. Já não havia tanto tempo disponível para farra. Fui percebendo que minha indisciplina e meu desempenho acadêmico mediano jamais me levariam para um caminho minimamente promissor.

Decidi seguir o sonho do meu pai. De posse do Opala da família, dirigi por boa parte do Brasil prestando vestibulares na tentativa de ingressar em um dos cursos mais concorridos do país — até perdi as contas de quantas provas fiz sem obter sucesso em nenhuma delas.

Durante o ano de 1970, morei em São Paulo, na casa da tia Ruth, no bairro do Morumbi, para fazer cursinho preparatório para o vestibular no colégio Objetivo. Grande exemplo de mulher para mim, Ruth, irmã mais velha de minha mãe, lutou pela independência de Israel depois da Segunda Guerra Mundial. Viveu por anos nos Estados Unidos, mas, com certa frequência, visitava a minha família em La Paz, ocasiões nas quais desenvolvi um relacionamento mais próximo com ela.

Foi depois de seu casamento que tia Ruth se mudou para São Paulo e, tempos depois, me recebeu em sua pequena casa. Ela acompanhou grande parte das minhas travessuras e assistia em silêncio ao meu descompromisso quando faltava às aulas do cursinho para passear de Opala pela cidade. Um dia, porém, ela resolveu falar e, em tom sério, me chamou para uma conversa. Sentou-se à minha frente e, sem rodeios, perguntou o que eu esperava da vida. Lembro de responder que precisava pensar, com um sorrisinho de canto, tentando desviar da seriedade daquela pergunta. Cheguei a indagar se poderia ir para a casa dela em Santos, no litoral sul de São Paulo, para me concentrar nesse questionamento de frente para o mar. Sem esboçar nem um riso sequer, ela apontou para o canto do cômodo e respondeu: "Está vendo aquele sofá? Pode sentar-se ali para refletir. Eu te levo água, comida e casacos. Mas só saia de lá quando terminar a sua reflexão". Fiquei em silêncio, com um desapontamento que me fez levar a conversa a sério. Foi o suficiente para que eu entendesse o recado e começasse a encarar a vida com mais comprometimento.

Mesmo depois do curso preparatório, não fui aprovado em medicina. No fundo, ao olhar para trás, tenho dúvidas se eu realmente queria passar, pois não me empenhei com afinco. Mas foram as sucessivas tentativas que me impulsionaram a também prestar para farmácia e bioquímica — outra opção na área da saúde, e que, portanto, me parecia próxima do sonho do meu pai —, além de, para ser sincero, me soar mais atraente quando pensava em possibilidades de carreira. Poderia seguir pelo caminho das análises laboratoriais, da indústria farmacêutica ou do desenvolvimento de produtos, por exemplo. Aos 22 anos, em

1972, fui aprovado e ingressei na Universidade Federal do Paraná, em Curitiba.

Comunicar ao meu pai a decisão de cursar farmácia não foi fácil. Contrariado, ele resistiu: "Não acredito que meu filho vai analisar amostras de urina e fezes" — tarefa que, em sua cabeça, eu, como o médico que ele sonhava, deveria delegar. Eu escutava suas queixas sem retrucar. Apesar da sensação de desvalorização que me irritava profundamente, não queria bater boca com ele. Apenas fui em frente. Mais tarde, percebi que durante toda a vida ele carregou a esperança de que, em algum momento, eu voltaria atrás e realizaria seu sonho. Para mim, ao contrário, a escolha que fiz foi se revelando cada vez mais acertada.

No primeiro dia da faculdade, entrei na sala de aula e olhei fixamente para as mesas e cadeiras posicionadas ao fundo, o lugar que eu havia ocupado durante todo o meu tempo de colégio, distante do professor e do ensino como um todo. Enquanto caminhava entre as carteiras, refletia sobre o que era necessário mudar no meu comportamento para colher frutos no futuro. Decidi então ocupar um assento em uma das primeiras fileiras da sala, bem de frente para o professor. Era o momento de começar a levar as oportunidades a sério.

Construí a partir dali relações com as pessoas certas, que estavam comprometidas com o ensino e com a profissão. Logo, cinco novas amigas e eu formamos um grupo de estudos que me fez encontrar satisfação no que aprendia. A postura que assumi me ajudou a compreender o meu potencial e como o conhecimento adquirido na vida de estudante poderia me levar muito mais longe do que havia almejado até aquele momento. Desenvolvi uma sede pelo saber e internalizei aquele caminho como o único possível para me tornar um bom profissional.

Há momentos na vida em que não tem como ser "mais ou menos". É tudo ou nada. Passei, então, a ser um frequentador assíduo das aulas.

Ao longo da faculdade, investiguei as possibilidades profissionais que o curso de farmácia me proporcionaria e comecei a reconhecer quais caminhos não gostaria de seguir. A área de análises laboratoriais — o grande receio do meu pai — foi descartada logo depois do estágio que fiz no laboratório de Isac, meu primo. Além de não ter me identificado com o trabalho — de fato, eu considerava desagradável estar em contato constante com fezes e urina —, sabia que existiam mais opções, pois a indústria farmacêutica oferecia oportunidades diferentes de carreira.

Foram dois anos de muitos estudos aos domingos, desenvolvendo trabalhos acadêmicos madrugada adentro, lendo livros de artes e estudando assuntos de diferentes áreas do conhecimento até que o futuro começasse a se delinear de forma mais clara para mim. Queria ter um negócio próprio, como meu pai.

Mesmo com atuação em um ramo completamente diferente do que eu havia escolhido, me encantava a forma como meu pai criava laços com seus clientes. Nunca o vi economizar atenção e dedicação a eles. Jacob conhecia suas histórias de vida, se preocupava com a saúde deles e se envolvia com os acontecimentos cotidianos de quem cruzava com ele.

Era o tipo de relação que eu almejava ter no meu negócio, que me permitisse também colocar em prática minhas habilidades de alquimista para criar produtos.

Inicialmente, optei por experimentar a área industrial, com a produção de champignon por meio de tecnologias baseadas em um cultivo simples e oriundo de materiais orgânicos. A demanda dos consumidores era alta, e o negócio poderia ser lucrativo, pois naquela época o cogumelo era caro e difícil de encontrar no Brasil. Ainda que houvesse mercado para o produto, o processo de cultivo era complexo — quase totalmente dependente de condições climáticas —, e as perspectivas de expansão do negócio no longo prazo eram baixas. Não tive dúvidas, contudo, de que o caminho continuava sendo o do empreendedorismo, mas em algum outro setor.

O meu gosto pela estética começou na adolescência. Quando eu tinha por volta de dezessete anos, meus amigos usavam calça jeans e camiseta — uma combinação que se tornou popular no fim da década de 1960, especialmente entre os jovens —, mas eu não me sentia à vontade naquelas roupas casuais. Elas não refletiam o cuidado em relação à aparência que, para mim, já era importante. Se as novas gerações tivessem de classificar o jeito de se vestir daquele jovem Miguel, provavelmente diriam que eu era o "playboyzinho" da turma. Eu preferia um elegante estilo social, com uma camisa bem cortada, calça de alfaiataria e sapatos.

Parte fundamental dessa composição era o perfume. Ouvir que estava "perfumado" era o melhor elogio que eu podia receber. Muito antes de O Boticário ganhar vida, eu comprava produtos importados do Paraguai de uma pessoa que morava no mesmo prédio que eu. Minha vaidade inata me fez olhar para o tema da beleza da perspectiva não apenas individual, mas também coletiva. Foi daí que surgiu a ideia de empreender no ramo da beleza.

Com meu diploma finalmente nas mãos, nasceu o primeiro esboço do que se tornaria O Boticário. Eu estava determinado a desenvolver produtos de cuidado com a aparência e bem-estar, fabricados no Brasil, com alta qualidade. Em 1977, em parceria com Eliane Nadalin, bioquímica, e outros dois sócios dermatologistas, fundamos uma farmácia de manipulação que produzia fórmulas prescritas por médicos.

Temporariamente farmacêutico

Frustrar um pai é difícil. Porém, imagino que frustrar a si mesmo seja ainda pior. Conheço a primeira dor, mas felizmente passei longe da segunda.

Na noite de 22 de dezembro de 1975, celebramos a formatura da minha turma em um tradicional restaurante italiano no bairro de Santa Felicidade, em Curitiba, com os pais dos outros universitários presentes. Cheguei a ver Jacob esboçar um sorriso de canto de boca, que eu interpretei como expressão de orgulho. Porém, não demonstrava isso com palavras nem atitudes. Fazia questão de não se misturar à conversa, ficava distante dos demais pais, que o parabenizavam pela minha conquista, ao mesmo tempo que comemoravam a formatura dos próprios filhos. Jacob falou pouco naquela noite, com sua típica mistura de idiomas, português e espanhol. Recordo-me especificamente de uma frase, que soltou a certa altura da noite, provocando um silêncio entre todos que estavam à mesa: "Mi Miguel vai ser médico, todavia". Olhamos para ele perplexos. Alguns segundos depois, a conversa seguiu sem que ele alterasse sua postura.

Mesmo depois de a minha farmácia de manipulação ter sido inaugurada, ele, ainda cético em relação ao negócio, me chamou para uma conversa e me convidou para trabalhar em sua loja — agora como colaborador mesmo, não mais como ajudante. Em sua visão, era impossível o meu empreendimento dar certo. "Seria mais fácil nascer cabelinhos na palma da mão do que esse negócio decolar", costumava dizer. Nessa mesma conversa, quando neguei a proposta, em tom de brincadeira ele me desafiou: "Quero ver se você vai conseguir me comprar um pacote de cigarros", disse, segurando seu maço de Continental, marca popular na época.

Um lugar para começar

Para tirar do papel o projeto da farmácia, meus sócios e eu passamos alguns meses procurando o lugar ideal, que, nesse caso, não era necessariamente o de melhor localização, mas, sim, aquele que poderíamos pagar — afinal, o capital disponível para começar o negócio à época não era de muitos dígitos.

Ao fim dos anos 1970, Curitiba já não era mais tão provinciana, especialmente porque passou a abrigar muitos migrantes do campo devido a uma forte geada que acabou com as plantações de café no Paraná em 1975. A população da região metropolitana de Curitiba chegou a cerca de 1 milhão de habitantes.[1] Caminhei por diversas ruas da cidade, inclusive pela famosa rua XV de Novembro, onde ficava a loja do meu pai. Descartei aquela localização rapidamente, pois, além de ser um ponto da cidade com alta concentração de confecções, o valor de aluguel dos imóveis era caro para nós. Decidi, então, explorar outras ruas próximas dali.

Cheguei à Saldanha Marinho, uma das mais antigas e longas ruas do centro histórico da cidade. Com cerca de quatro quilômetros de extensão, ela começa ao lado da Catedral Basílica de Curitiba, na praça Tiradentes, trecho exclusivamente reservado para o trânsito de pedestres,

---

[1] IBGE. Disponível em: <https://cidades.ibge.gov.br/brasil/pr/curitiba/pesquisa/43/0?ano=1980>. Acesso em: 10 jan. 2024.

e desemboca na rua Major Heitor Guimarães. Revestida por paralelepípedos e com luminárias abauladas por toda parte, a rua concentrava comércios dos mais variados tipos: botequins, barbearias, farmácias, alfaiatarias, movelaria. Naquela época, havia ainda seis ou sete hotéis de alta rotatividade (também conhecidos como motéis), com entradas e saídas de dezenas de pessoas por hora, o que tornava a região ainda mais movimentada.

Enquanto explorava o local e observava as particularidades da rua, avistei uma pequena porta, no número 214, com a placa "aluga-se". Entrei no prédio, que, infelizmente, havia sido alvo de um incêndio recente, razão pela qual, apesar de o dono do imóvel ter conseguido recuperá-lo sem grandes prejuízos, o valor do aluguel havia caído consideravelmente. Mesmo assim, caso decidíssemos nos estabelecer no local, seria preciso fazer algumas reformas devido aos danos causados pelo fogo. Fiquei interessado principalmente pelo potencial fluxo de pessoas que passaria por ali. Imaginei que, pelo boca a boca, aos poucos, começaríamos a ser reconhecidos — era exatamente disso que a nossa farmácia precisava. Negócio fechado.

O prédio tinha três andares. No térreo, ficava a recepção, com cerca de três metros quadrados; no primeiro, o laboratório e, no segundo, que adquiri posteriormente, o almoxarifado. De posse do contrato já assinado, eu precisava encontrar uma maneira de fazer a farmácia se destacar. Para começar, decidi pintar a fachada com um tom de azul bem vivo. A cor chamava atenção e se distinguia da vizinhança, que, em geral, exibia tons pastel e com pouca personalidade, como marrom e bege-claro.

Colocamos também um carpete azul-marinho em toda a extensão da entrada, de cima a baixo. Na frente da farmácia, o nome: "Botica Comercial Farmacêutica — Farmácia especializada em produtos cosméticos dermatológicos". Era comum que as clientes (a maioria, mulheres) esperassem suas receitas ficarem prontas dentro da própria botica. Então, como estratégia para atrair essa clientela, logo na recepção colocamos prateleiras atrás do balcão que funcionavam como um mostruário dos produtos. A estratégia era despertar a curiosidade delas, que pediam às vendedoras que apresentassem os itens desenvolvidos por nós.

Era nesse mesmo balcão que as vendedoras coletavam as receitas dos clientes e me enviavam pelo maquinário monta-carga, um tipo de elevador manual utilizado para que não precisássemos subir e descer escadas tantas vezes durante o expediente de trabalho. Enquanto eu cuidava da produção, as vendedoras recebiam os pagamentos, majoritariamente realizados em dinheiro ou cheque, já que os cartões bancários eram pouco comuns naquela época e cobravam uma alta taxa de juros dos comerciantes.

Meses mais tarde, aluguei o último andar do prédio, que antes era ocupado por uma academia, e criei o almoxarifado da farmácia. Ali ficava todo o estoque de embalagens e matéria-prima para as preparações, além dos documentos mais importantes do negócio.

A primeira funcionária que cuidou do departamento foi Maria Lucia Neumann, a Malu, que ainda hoje trabalha comigo, desempenhando diversas outras atividades, além de também coordenar minha agenda de compromissos.

Um presente emblemático

O pequeno número inicial de pedidos gerou um tempo ocioso que precisava ser aproveitado de alguma forma. Eliane e eu decidimos investir na criação de cosméticos próprios à base de produtos naturais, manipulados artesanalmente. Sabíamos do nosso potencial para ir além da manipulação de prescrições dermatológicas.

Usando a mesma estrutura do laboratório, começamos a desenvolver xampus e cremes — os produtos que apresentávamos às clientes enquanto elas esperavam por suas fórmulas. Fomos surpreendidos por uma alta demanda de pedidos mais rápido do que imaginávamos.

Um dos nossos primeiros produtos autorais de sucesso foi o xampu de algas marinhas, lançado em 1979. Do xampu, migramos para um creme de colágeno antirrugas; outro de colágeno e elastina para suavizar estrias; creme de algas; depois, o hidratante corporal de camomila e malva.

Além de um produto de qualidade, eu almejava um frasco e uma embalagem que fossem capazes de acompanhar a excelência da mercadoria. Para o hidratante de camomila e malva, por exemplo, fizemos um frasco semelhante aos vidros de xarope — na cor âmbar, com um rótulo impresso e graficamente trabalhado, e com uma tampa de madeira que eu mesmo buscava semanalmente no interior de Santa Catarina, na chácara de um produtor independente.

Assim como o hidratante de camomila e malva, o Azulen, creme para peles sensíveis que está em nosso portfólio até hoje, marcou um período a partir do qual a nossa empresa passou a ser reconhecida pelo público. Colocávamos os xampus gota a gota nos frascos, desenvolvíamos cada componente das fórmulas e, por inúmeras vezes, datilografávamos os rótulos, descrevendo os ingredientes dos produtos e o modo de usar.

Enquanto cresciam as vendas dos produtos exclusivos, minha colega de faculdade e sócia deixou o negócio, pois se casou e mudou de cidade. Na sequência de sua saída, os meus sócios dermatologistas me venderam suas porcentagens e também saíram da empresa. A farmácia, entretanto, já contava com uma estrutura de colaboradores, então consegui manter o fluxo de desenvolvimento de produtos. Mas enfrentava, ainda, dificuldade para escalar a produção.

Por volta de 1980, em uma das frequentes visitas que minha irmã fazia à farmácia, ela notou o desafio que era a preparação manual de cremes, já que não era utilizado nenhum tipo de maquinário para essa etapa do processo. Além de desgastante, o método retardava a produção, pois eu não conseguia aumentar a escala — mas, imerso no dia a dia, eu nem pensava em possíveis ferramentas para me auxiliar. Depois de assistir àquela cena, Miriam, que se casara havia pouco tempo, me presenteou com uma das duas batedeiras Walita que ganhara de presente. Aquele eletrodoméstico foi um marco no negócio, pois viabilizou que aumentássemos e diversificássemos as produções, o que, além de ter alavancado as vendas, ainda poupou minhas mãos dos machucados provenientes do trabalho excessivo.

Desse período inicial do negócio, lembro de um dia especial. Com uma das primeiras receitas da farmácia de manipulação nas mãos, saí correndo pela porta da frente da rua Saldanha Marinho em direção à tabacaria mais próxima. Naquele dia, com o dinheiro do caixa, comprei um pacote com dez maços de Continental e caminhei por quinze minutos até a xv de Novembro. Entrei na loja do meu pai, dizendo que tinha um presente para ele. Coloquei o pacote em cima do balcão, e rimos juntos daquele acontecimento, que, afinal, era um símbolo para nós dois.

3
O poder das relações

CRESCI EM UMA FAMÍLIA QUE ACREDITAVA que a nossa religião era um fator determinante na escolha de parceiras e parceiros. Na passagem da minha adolescência para a vida adulta, ouvi meu pai dizer que seria fundamental que eu escolhesse para partilhar a vida alguém que também fosse da comunidade judaica — que compartilhasse a nossa história, desafios, costumes e tradições. Eu percebia isso na prática. De fato, a conexão com mulheres judias, no geral, era realmente mais rápida, o que facilitava a identificação entre nós.

Não por acaso, assim que conheceu Cecilia, em 1979, Jacob gostou dela imediatamente. Eu tinha 29 anos e havia fundado a farmácia apenas dois anos antes, quando Miriam se reencontrou com uma antiga colega de colégio e a levou para conhecer O Boticário na rua Saldanha Marinho. Eu mesmo já conhecia Cecilia da época que elas eram mais jovens, mas, como sou oito anos mais velho, não me interessei instantaneamente por ela quando era adolescente.

A fase que eu estava na ocasião em que Cecilia visitou a botica pela primeira vez era bem diferente da que vivi nos meus vinte e poucos anos, quando me relacionava com mulheres sem me preocupar com o futuro. Minha mentalidade havia mudado e agora eu estava à procura de uma parceira para a vida. Também queria um relacionamento com companheirismo e harmonia — diferente do que vi entre os meus pais. Quando a reencontrei, já nos seus vinte anos, vi uma mulher, e não a menina de antes. Apesar de sua presença ter despertado o meu interesse, Cecilia estava embarcando para Israel com sua irmã. Ela passaria cerca de dois meses por lá participando de um projeto de férias para jovens da comunidade judaica.

No meio da sua viagem, fui surpreendido por um cartão-postal que Cecilia me enviou, no qual mencionava seu interesse em trabalhar n'O Boticário, pois fazia faculdade de farmácia e bioquímica. Quando voltou de viagem, naquele mesmo ano de 1979, começou a trabalhar na farmácia e, poucos meses depois, começamos a namorar. Nosso namoro era tranquilo, sem brigas ou excessos de ciúme, e desde o início havia muito companheirismo entre nós.

Não demorou para que déssemos o passo seguinte. Em maio de 1980, aos sete meses de namoro, em uma noite depois do expediente, pedi Cecilia em casamento enquanto jantávamos sozinhos em um restaurante próximo à farmácia. No meio da conversa, eu levantei e disse, olhando em seus olhos: "Quero me casar com você". Ela disse "sim", sorrindo e nos abraçamos. Mas logo avisou que gostaria de se formar na universidade antes de se casar. Faltava pouco mais de um ano para sua formatura — um tempo que, hoje vejo, foi essencial para consolidarmos o que sentíamos um pelo outro, ampliar o negócio e juntar reservas financeiras para o início da nossa vida a dois.

Voando mais alto

Desde que fundei O Boticário, cultivei o hábito de viajar para conhecer novos fornecedores e produtos. Numa dessas rotineiras viagens que fiz no fim da década de 1970, enquanto caminhava pela área de desembarque do Aeroporto Internacional Afonso Pena, na região metropolitana de Curitiba, em São José dos Pinhais, novamente uma placa de "aluga-se" chamou minha atenção — a primeira havia sido a da Saldanha Marinho. Em um pequeno corredor depois da esteira de bagagens, entre uma joalheria e uma loja de souvenir, encontrei o espaço ideal para abrigar a segunda unidade d'O Boticário.

O Afonso Pena foi fundado em 1944 por militares do Exército dos Estados Unidos, por ser um ponto estratégico para o combate a ataques de submarinos e embarcações dos países do Eixo na Segunda Guerra Mundial. Dois anos mais tarde, foram inaugurados voos comerciais regulares para Poços de Caldas (MG), Rio de Janeiro (RJ), Florianópolis (SC), Porto Alegre, Pelotas e Jaguarão (RS) e Montevidéu (Uruguai). Cerca de trinta anos depois, em 1974, o aeroporto passou a ser administrado pela Infraero. A companhia pública de gestão aeroportuária realizou a ampliação do terminal de passageiros, fez o reforço da pista, construiu o estacionamento de aeronaves, entre outras reformas, o que ampliou a operação do aeroporto.

Em 1979, portanto, o público que frequentava o Afonso Pena era, em sua maioria, executivos e tripulantes das companhias aéreas. Quanto aos passageiros, o principal motivo de suas viagens para a capital paranaense era trabalho e, de forma menos recorrente, algum compromisso pontual, como visitar familiares ou fazer compras. Raramente a motivação principal era o turismo — logo, a chance de que essas pessoas pudessem conhecer a primeira unidade da nossa farmácia no centro da cidade parecia bem pequena. A circulação de um público novo, diferente do que tínhamos até então — de outras regiões do Brasil e que poderia levar nossos produtos para diferentes estados —, me fez pensar que lá seria um bom lugar para instalarmos o negócio.

Entrei confiante na licitação da loja. Para a reunião, levei a proposta de unir farmácia e perfumaria em um só lugar — o segmento de perfumaria ocuparia 90% do espaço e do mix de produtos. Levei dois envelopes com valores diferentes para a oferta de aluguel: o primeiro, com cerca de 7 mil cruzeiros (moeda corrente na época, equivalente a 2,2 mil reais em 2023, de acordo com o IPCA), seria usado caso nenhuma outra empresa aparecesse interessada em alugar o espaço; e o segundo, caso houvesse concorrência, com 15 mil cruzeiros. Não apareceu ninguém, e fechei o contrato pelo valor mais baixo. Além da perfumaria, reservei parte da loja para comercializar medicamentos OTC (sigla do inglês *over the counter*, "sobre o balcão") — aqueles vendidos sem prescrição médica, para dores de cabeça e enjoo, por exemplo.

No dia da assinatura do contrato de locação, me questionaram sobre a razão social que constaria no documento. Em vez de abrir uma filial da farmácia de manipulação, preferi constituir uma nova empresa, a Aerofarma, e aluguei o espaço do aeroporto em seu nome. A fachada, entretanto, continuava como O Boticário. Em 2014, a Aerofarma se transformou em Aero — área de negócio responsável pelas operações próprias de lojas e espaços do revendedor (venda direta) do Grupo Boticário, que somam quinhentas unidades.

Decidi que naquele corredor, que tinha pelo menos mais cinco estabelecimentos comerciais, eu teria o de maior destaque. Chamei Alberto Celli, um dos melhores arquitetos de Curitiba à época, para fazer o projeto com vidro vazado, cortiça no teto e uma vitrine de cor verde-bandeira vibrante, que chamava a atenção de quem por ali passasse.

As comissárias de bordo foram as primeiras consumidoras e revendedoras informais da marca. Entre um voo e outro, elas passavam em nossa farmácia, adquiriam os produtos e os levavam para os diversos destinos. Foi assim que a sacola d'O Boticário passou a ser mais vista em circulação, e os produtos, mais desejados, principalmente nas regiões Sul e Sudeste do país. Quando voltavam a Curitiba, elas traziam consigo pedidos de diferentes cidades. Os executivos eram outro público cativo da nova loja. Depois de passarem dias longe de casa, viam em nossos produtos ótimas opções de presentes para suas famílias.

Um ano mais tarde, em 1980, a dinâmica de revenda das comissárias de bordo estava se desenvolvendo a ponto de se tornar uma fonte de receita importante para elas. Comecei a receber propostas tanto de executivos quanto de mulheres que conheciam os produtos e se interessavam pelo negócio. Eles tinham alguns pedidos em comum: exclusividade territorial de oferta e de produtos, abastecimento, treinamento de colaboradores e ajuda no projeto arquitetônico das lojas. "Por que não?", pensei. Aceleramos nosso crescimento, ampliamos a visibilidade da marca e dissemos "sim" para um novo jeito de operar.

Naquela época, o termo "franchising" ainda não era conhecido no Brasil. Eu mesmo não sabia que era isso o que estava fazendo quando criei a Aerofarma, mas foi como um embrião do modelo de franquias que espalharia nosso negócio pelo país.

Felicidade e tristeza ao mesmo tempo

Quando a loja do aeroporto já estava em pleno funcionamento, em 1980, Cecilia e eu organizamos um jantar no restaurante em que a pedi em casamento para anunciar o noivado aos nossos pais. Durante o encontro, levantei de minha cadeira e fiz o pedido em público. Ao meu lado, ela reforçou que era nosso desejo em comum e pedimos a bênção de nossos familiares ali presentes. Nossas famílias prontamente demonstraram aprovação.

Depois do jantar, voltei para casa com meu pai, que caminhava lentamente devido ao cansaço que sentia com a angina pectoris, doença que atingira o coração dele nos últimos meses de sua vida. Jacob costumava usar um grande anel de ouro 22 quilates, comprado na Bolívia, desde que eu era pequeno, e, naquela noite, também estava com ele. Quando chegamos em casa, ele tirou o anel e me entregou como presente de noivado dizendo que, em função da doença, possivelmente não estaria presente em meu casamento.

Foi triste ouvir isso, mas também emocionante receber aquele presente. De fato, em agosto do mesmo ano, Jacob faleceu fazendo o que mais gostava: trabalhando. A doença fez seu coração parar, e ele caiu diante do balcão de sua loja. Vivi longos meses morando sozinho até o dia do meu casamento, período em que me alternava entre a tristeza da perda de meu pai e o entusiasmo pelo porvir. Enquanto aguardávamos, Cecilia e eu fizemos o enxoval. Comprei uma televisão e um forno de micro-ondas para nossa futura casa, grandes objetos de desejo na época. Meus sogros me questionaram sobre adiar a data por causa do intenso luto que eu vivia, mas eu sonhava em me casar e não queria esperar mais. Sem contar que o noivado é um compromisso muito sério para o judaísmo — eu havia me comprometido com Cecilia para aquela data e estava determinado a cumpri-la.

Fizemos uma festa alegre e tradicional, mas ainda respeitando o momento de dor pela perda do meu pai. Ao fim da cerimônia, tivemos o ritual da quebra da taça, em que o noivo pisa em uma taça de cristal. O ato simboliza que, mesmo em um momento de felicidade extrema, nós lembramos da dor da destruição do templo de Jerusalém. E, para mim, esse rito tem uma correlação direta com o cuidado com que devemos levar a vida a dois a partir do casamento. Assim como uma taça quebrada jamais pode ser consertada, certas atitudes na vida de um casal podem ser irreversíveis, por isso a união deve ser tratada sempre com atenção e cuidado.

Houve música durante toda a festa, e fizemos o ritual das cadeiras dos noivos seguradas no alto. Escolhemos não dançar em respeito ao meu pai, mas, ainda assim, foi uma cerimônia bonita e especial para nós. Eu sabia que, a partir daquele momento, estava começando a construção daquilo com que sempre sonhei: um lar tranquilo com a mulher que amava.

Um empréstimo especial

Em uma das minhas idas e vindas do Aeroporto Afonso Pena para casa, encontrei uma chácara de 950 m² em São José dos Pinhais, mesmo município onde fica nossa primeira fábrica. Planejava montar mais uma pequena área para produção e tinha urgência, já que o modesto prédio na Saldanha Marinho não comportava mais o fluxo de fabricação que tomou proporções significativas — especialmente com a abertura da nova loja.

Certo dia, em 1981, passei em frente ao local e vi um garoto na entrada. Ele aparentava cerca de doze anos de idade. Parei e pedi o contato do dono do terreno ao menino, que, sem titubear, habilidosamente negociou comigo, dizendo que só me daria se, em troca, eu lhe prometesse uma oportunidade de trabalho na empresa que viesse a montar ali. Gostei da firmeza dele e concordei com a proposta. O menino, Miguel Letenski, meu xará, ficou conhecido na empresa como "o menino da porteira", cresceu junto com o Grupo Boticário e esteve conosco até 2019.

Aquele início da década de 1980 estava conturbado para o Brasil. A economia passava por uma brusca reversão na sua trajetória de crescimento — o PIB per capita, que de 1970 a 1980 vinha se expandindo à taxa média de 6,1% ao ano, diminuiu 13% entre 1980 e 1983. A crise, que se manifestava inicialmente como consequência do endividamento externo, rapidamente passou a se traduzir no desajuste interno da economia do país.

Com juros e inflação altos, eu precisava de capital para adquirir a chácara, mas não cogitava pedir empréstimo ao banco. Recorri, então, ao meu tio Wolf, marido da tia Sônia. Fui até sua loja e, sem rodeios, pedi emprestado algo entre 3 mil e 5 mil dólares (10 mil e 17 mil dólares nos dias atuais) — o necessário para comprar o terreno.

Naquele mesmo ano de 1981, meu tio me emprestou o dinheiro para levantar a primeira fábrica d'O Boticário, e meu primo Jaime, formado em engenharia civil, coordenou toda a construção, compra de materiais e logística (até hoje, ele nos apoia nas reformas e construções do Grupo Boticário). Mas eu ainda tinha uma grande missão pela frente: fazer o planejamento financeiro. Mesmo com os ganhos das lojas e o empréstimo, não havia uma projeção real do custo total da obra. Por isso, durante aquele período, passamos por diversos percalços financeiros.

Chegamos a parar a construção algumas vezes, porque já não havia dinheiro suficiente para comprar os materiais. Honrar o salário dos operários era a minha prioridade — além do esforço para não ter que dispensá-los. Enquanto não havia material para seguir com as obras, as dez pessoas contratadas para atuar na construção trabalhavam cortando grama ou cuidando de alguns animais que tínhamos no terreno. Como gestor de finanças, eu era um ótimo farmacêutico.

Todo o dinheiro que entrava além das vendas era investido diretamente na obra. Naquele momento, a necessidade de trabalhar em um espaço maior para produção era tão grande que, antes mesmo da inauguração, minha equipe e eu mudamos nosso local de trabalho para lá. Ocupávamos uma pequena parte já construída, enquanto os pedreiros continuavam subindo as paredes da nova fábrica. Foi assim até completar um ano de construção, quando o empreendimento finalmente ficou pronto, em 18 de março de 1982.

Poucos meses depois da inauguração da fábrica, a nossa produção cresceu e adquirimos outra parte do terreno — e, posteriormente, a chácara ao lado. Em 2023, o Grupo Boticário viria a ter, além da fábrica de São José dos Pinhais, um Centro de Pesquisa, Inovação e Desenvolvimento na mesma cidade e oito centros de distribuição — sete espalhados pelo Brasil e um em Portugal —, além de uma fábrica em Camaçari, na Bahia, inaugurada em 2014.

Em dois anos, paguei o empréstimo ao meu tio, especialmente com a receita da venda do Acqua Fresca, que fazia cada vez mais sucesso entre as mulheres. Como forma de agradecimento, mandei confeccionar um terno de tecido inglês que havia comprado especialmente para presentear o tio Wolf. Ele foi uma das primeiras pessoas da família que acreditaram e me ajudaram no negócio. Ver o negócio prosperar e poder retribuir à aposta foi um dos momentos mais gratificantes da minha vida.

Franquia como negócio

Ao longo da minha trajetória como empreendedor, tive a sorte de encontrar pelo caminho pessoas com valores e objetivos afins, dispostas a construir um negócio ao meu lado. No Grupo Boticário, somos uma equipe coesa e unida: colaboradores, franqueados e fornecedores estão alinhados a ponto de também trazer suas famílias para perto da empresa.

Quando digo que O Boticário se tornou um negócio familiar, não falo apenas da minha família, mas, sim, de inúmeras outras espalhadas pelo país, que, de geração em geração de franqueados, fizeram — e fazem — parte da nossa história.

Certa vez, enquanto cobria a folga da funcionária da loja do aeroporto, recebi uma ligação. Laura Oliveira, de Brasília, foi presenteada por seu cunhado com um frasco de Acqua Fresca e, segundo ela, o presente lhe foi dado junto com uma sugestão: tornar aquele produto um negócio. O ano era 1979, e ela trabalhava como secretária na Embaixada da França, mas, paralelamente, também revendia produtos de algumas marcas de cosméticos e artigos para casa.

Na ligação, Laura pediu que eu enviasse para a capital federal três unidades de cada um dos produtos que tínhamos no portfólio. Ela queria provar tudo. Fiquei surpreso, porque nosso catálogo já contava com dezenas de opções. Além de itens de perfumaria como Lavanda Pop e Arpoador, produzíamos creme hidratante de algas, bronzeadores à base de óleo de cenoura, entre outros, mas prontamente aceitei a proposta, que me rendeu 232 mil cruzeiros (cerca de 74 mil reais em 2023, de acordo com o IPCA). Duas semanas depois, recebi uma nova ligação. Era ela com mais um pedido em volume semelhante. Seus colegas de trabalho e familiares tinham comprado todas as unidades enviadas na primeira ocasião. Foram mais dois pedidos do mesmo tamanho, até que ela disse que queria abrir uma loja d'O Boticário.

Naquele momento, a proposta fazia sentido. Além de se mostrar apaixonada pelos nossos produtos, sua demanda crescia rapidamente. Por que não tentar? Fui até Brasília e acompanhei o processo de implementação da nova loja. Em 4 de julho de 1980, abrimos a primeira franquia d'O Boticário — ainda sem usar essa nomenclatura. Cinco anos mais tarde, a cidade já tinha dezesseis lojas. Agora, em 2023, Laura cuida de 32 lojas espalhadas por Brasília junto com suas três filhas.

Aberta a primeira franquia (ainda que não formalmente nesse modelo), recebi uma nova proposta, desta vez em São Paulo. Olga Chiuratto conheceu os nossos produtos por meio de seu tio, um médico de Curitiba que gostava dos cosméticos e via potencial no negócio, mas não tinha tempo para se dedicar a um novo trabalho. Como Olga já havia trabalhado em uma rede de joalherias e, portanto, tinha experiência com varejo, ele apresentou a ideia de negócio e propôs uma sociedade entre eles. Ambos foram até a loja na Saldanha Marinho para nos conhecer. A conversa foi tão produtiva que saíram de lá com uma ida minha para São Paulo marcada. Ela passou alguns dias conosco em Curitiba para conhecer mais de perto todos os nossos produtos, e, como entendíamos que o negócio poderia continuar crescendo, decidi preparar uma apostila com os detalhes de cada um deles para que ela levasse consigo para São Paulo. Mais de trinta anos depois, com mais de vinte lojas sob seu comando, Olga preparava a sucessão do negócio para suas duas filhas, que acompanharam o crescimento de perto.

As propostas se multiplicavam com o passar do tempo. Chegamos a Natal, no Rio Grande do Norte, depois que o empresário Antônio Gentil viu a nossa loja no aeroporto e me procurou por intermédio de amigos em comum. Em Alagoas, nos aliamos a Ana Loureiro, que um dia foi presenteada com um produto comprado na loja do aeroporto e se entusiasmou com a possibilidade de tocar um negócio desse tipo. Em Goiânia, Divino José Dias e sua esposa Cândida Maria Dias Gobbo, junto com os sócios Marcos Antônio de Oliveira (falecido em 2017) e Jaci Dias Melo de Oliveira, começaram vendendo os produtos dentro de seu próprio apartamento. Enquanto ela se dedicava às vendas, ele trabalhava como executivo de uma empresa de eletrodomésticos em que atuava havia mais de quinze anos. Durante uma de nossas conversas, Divino pediu a minha opinião sobre sua ideia de deixar o emprego para também se dedicar ao Boticário, já que o negócio ia bem. Eu respondi o que acreditava: "Pode sair, seremos grandes".

Todos eles apostaram comigo no empreendimento e seguem conosco, somando centenas de lojas espalhadas pelo Brasil. Alguns já fizeram a sucessão familiar para seus filhos, outros estão se preparando para isso — esse é o negócio do Grupo Boticário. Para mim, o sucesso só vale a pena se for responsável, compartilhado e de longo prazo para todos.

Hoje, o modelo de franquias no Brasil é sólido e estruturado. Somos a segunda maior rede de franquias do país, com mais de 4 mil lojas físicas. É curioso pensar em como tudo começou. Eu não tinha um formato estruturado de negócio para esse tipo de expansão, mas acreditava nas pessoas que fizeram a proposta de montar lojas com os nossos produtos e sabia que, assim, O Boticário poderia atingir mais pessoas e regiões do Brasil.

Não havia uma centralização da gestão — como acontece em filiais, por exemplo —, mas eu era o responsável por produzir, enviar e abastecer essas unidades com os nossos produtos. Inicialmente, as franquias não levavam o nome "O Boticário" nem seguiam a nossa identidade visual, mas tinham a licença para vender os nossos produtos, ainda sem exclusividade na revenda. A estruturação do modelo de franquias veio a partir de uma ligação.

Em 1984, meu telefone tocou e, do outro lado da linha, estava o advogado Marcelo Cherto. Ele havia sido convidado para escrever um livro sobre os aspectos jurídicos do marketing no Brasil, que teria um capítulo sobre franchising, e me informou que a nossa empresa, junto com uma reconhecida escola de idiomas, era a primeira a praticar no país um modelo já difundido no exterior. Foi a primeira vez que ouvi falar de franquias. Desliguei o telefone determinado a entender melhor o que ele havia acabado de me contar. Foi assim que nos aproximamos: ele me apresentou o conceito de negócio que eu já praticava.

Como se tratava de algo ainda incipiente no Brasil, não existia uma legislação que regulamentasse esse modelo — que só viria a ser sancionada em 1994. No entanto, havia uma urgência que crescia paralelamente à disseminação do formato pelo país. Nas franquias d'O Boticário, por exemplo, o uso do nome não era permitido — cada lojista poderia escolher o que desejasse, visto que não havia uma segurança jurídica que protegesse o detentor original da marca, e qualquer problema nas franquias poderia manchar a reputação da empresa.

Em 1985, percebendo que a força de uma comunicação corporativa poderia nos ajudar, estabelecemos normas para permitir que todas as mais de quinhentas franquias levassem o nome "O Boticário". Foi nessa época que Marcelo me convidou para, ao lado dele e de Marcus Rizzo, administrador público e consultor de franquias, fundarmos a Associação Brasileira de Franchising, a ABF. Marcelo, como estudioso do tema, redigiu o estatuto da associação e nos apresentou em um café do Hotel Bourbon, perto da praça da República, no centro de São Paulo, onde nos reuníamos com frequência. Dois anos depois, em 1987, a ABF foi fundada.

Eu jamais poderia imaginar que, com a compra dos frascos do Silvio Santos, as fragrâncias que desenvolveria também estariam relacionadas com a história de franquias no nosso país, que se tornou uma rede de mais de 3 mil marcas, segundo dados da ABF em 2023.

Perfumaria como presentes

Ter construído um lar e uma família como idealizei é algo muito gratificante — e que me deu impulso para continuar expandindo O Boticário. Hoje posso afirmar com alegria que realizei o meu maior sonho de vida: tenho ao meu lado uma mulher que escolhe, todos os dias, continuar construindo essa história comigo, assim como eu também escolho, todos os dias, estar nessa jornada com ela.

Cecilia é o meu ponto de equilíbrio. Vejo muitos amigos, executivos e fundadores de empresas se perderem com as conquistas e com o sucesso — e sei que comigo isso não aconteceu também porque ela estava ao meu lado, me ajudando a manter os pés no chão, sem permitir que nos deslumbrássemos com o que construímos até aqui.

Depois de começar a nossa vida a dois, logo nos tornamos três com a chegada da nossa primeira filha, Annete, em 1982. Três anos depois, em 1985, veio a caçula, Tatiana. Elas chegaram em uma fase de muito trabalho — o número de lojas havia expandido consideravelmente, chegando a 180 no ano em que Annete nasceu. Eu costumava levar minhas filhas para a fábrica comigo. Quando eu precisava me concentrar na operação e elas ainda eram pequenas, os colaboradores as distraíam no carrinho do lado de fora.

No início, era comum fazermos churrasco na parte externa da fábrica, junto com toda a família e colaboradores. Annete e Tatiana adoravam participar desses momentos, brincavam no pátio e conheciam cada uma das pessoas que estavam com a gente no início dessa jornada, como Roberto Papov, nosso diretor industrial, e Solange Semes, encarregada do laboratório.

Com a fábrica em operação, desenvolvi fragrâncias também para homenagear a minha família. Em 1983, junto com o time de farmacêuticos e um perfumista, desenvolvemos o Cecita. Quando o apresentei para a Cecilia, estávamos em casa e me recordo de ficar emocionado ao ver os olhos dela marejados pela surpresa ao pegar o vidro nas mãos. O produto, que é comercializado até hoje, traz notas doces, com toque floral e frutado.

No mesmo ano, lançamos o Annete em homenagem à minha primogênita. Ele foi sucesso de vendas, mas, devido à escassez das matérias-primas utilizadas em sua produção, sofreu algumas modificações na fragrância e se transformou em uma nova versão, chamada Anni. Em 2021, um episódio relacionado ao Annete nos emocionou, com a história de dona Wanda.

Artista plástica de Angra dos Reis, no Rio de Janeiro, Wanda Terra tinha um vínculo especial com seu filho, Alexandre. Ele dizia que o Annete tinha o "cheiro de mãe", pois era o que Wanda sempre usava.

Durante a pandemia, a artista perdeu seu filho para a covid. Quando minha equipe e eu soubemos dessa triste história, encomendamos à fábrica a produção de três unidades do Annete original, com embalagens personalizadas exclusivamente para ela. Minha filha e eu escrevemos uma carta de próprio punho para presenteá-la com esse cheiro que tanto marcou as nossas famílias.

O Thaty, com eucalipto e lavanda em sua composição, foi lançado em 1985 em homenagem à minha outra filha, Tatiana. O lançamento foi feito durante a nossa primeira — e hoje tradicional — convenção de franqueados. O megaevento contou com toda a nossa rede de franquias, que já chegava a quinhentas unidades na época, além de jornalistas, principalmente das editorias de beleza, como das revistas *Claudia* e *Capricho*, do Grupo Abril — essa foi nossa primeira grande aproximação com o setor —, e celebridades da época. Os dois lançamentos se tornaram marcos da perfumaria nacional.

O Thaty tinha um conceito diferente dos produtos tradicionais, em especial pela sua coloração azul, que chamava atenção das jovens. Durante dez anos, ele foi considerado a melhor fragrância brasileira pelas leitoras da *Capricho*, uma famosa revista voltada para o público adolescente. Criamos na época o Clube Thaty para dialogar com as fãs do produto, e diariamente recebíamos centenas de cartas de consumidoras que não só faziam relatos de suas vidas e falavam de sua paixão pela fragrância, mas também, muitas vezes, nos pediam conselhos amorosos. Eram mensagens cheias de desenhos e fotos que expressavam o amor delas pela fragrância e pela marca.

Mais do que um lugar onde eu atuava como alquimista e administrador, O Boticário se estabelecia como um espaço que me possibilitava desenvolver produtos para honrar a importância da relação com pessoas que me ajudaram — direta ou indiretamente — a construir esse negócio e perpetuá-lo para o futuro.

4
Aprendendo a delegar

CULTIVO UMA PAIXÃO PELO TEATRO DE BONECOS desde que minha mãe era viva. Era ela quem me levava quase todos os domingos para assistir a um espetáculo. Depois de sua morte, os fantoches se tornaram uma rica lembrança dos nossos momentos juntos. Criei um elo emocional com essa forma de arte, honrando sua memória, e passei a produzir os meus próprios bonecos, o que fiz durante muitos anos. Moldava suas cabeças e rostos com papel machê. É um trabalho minucioso, mas encantador. Acho fascinante vê-los ganhar vida.

De certo modo, empreender, assim como criar os bonecos, é tirar o sonho da imaginação; idealizar o entorno e trabalhar para vê-lo se transformando em realidade, em um processo de construção contínuo. Quando eu confeccionava os meus bonecos, estava desenhando uma história, para isso, pensava nos formatos e nas vestimentas, assim como na narrativa de cada personagem. Talvez sempre tenha gostado tanto dessa arte pela possibilidade de idealizar e dar vida a algo que quero. O Boticário nasceu do mesmo ímpeto de transformar minhas ideias em realidade. Contudo, empreender é uma arte diferente da do teatro de fantoches, especialmente porque o excesso de controle, que funciona bem na criação dos bonecos, pode ser devastador para a expansão de um negócio. A centralização não combina com uma empresa que quer se perpetuar no longo prazo.

Sempre acreditei que o sucesso só é válido quando compartilhado por todos os envolvidos em sua construção. Encaro-o como fruto do trabalho a várias mãos. Por isso, ao longo dos anos, não tive problemas em partilhar o sucesso do meu negócio. Mas delegar parte da construção da empresa muitas vezes me pareceu assustador. Demorei muitos anos para me abrir à possibilidade de ter cocriadores e precisei de muita maturidade, algo que só o tempo é capaz de trazer, para entender que não poderia manter uma empresa dependente exclusivamente das minhas opiniões, projeções e decisões.

Quando se é empreendedor, suas ideias precisam ser questionadas, validadas, reproduzidas e aplicadas por outras pessoas para serem lapidadas e saírem do papel. No início de um negócio, é natural que todas as decisões estejam concentradas em quem o fundou, mas, à medida que ele cresce, a descentralização é essencial. Não há como um negócio se expandir se estiver limitado a uma única mente.

O caminho da profissionalização

Em meados da década de 1980, O Boticário já estava em plena expansão, aumentando a variedade de produtos no mercado de perfumaria e cosméticos. Desde o lançamento do Acqua Fresca, em 1979, com o crescimento de vendas trazido pela loja no Aeroporto Afonso Pena, e pelo início da consolidação do modelo de franquias, nossa marca passou a ser mais conhecida e requisitada. Para ampliar o público consumidor, no mesmo ano de lançamento do Thaty, em 1985, estreamos no mercado de perfumaria masculina com o Styletto — uma fragrância de notas frescas cítricas e de lavanda. Naquela época, o setor era pouco explorado no Brasil, pois marcas importadas, como Pino Silvestre e Lancaster, predominavam.

Eu ainda estava no comando de todas as frentes do negócio, mas não poderia fazê-lo sem ter profissionais seniores em áreas-chave como comercial, financeira e marketing. Ao perceber isso, comecei a pensar em pessoas da minha extrema confiança com as quais gostaria de compartilhar a responsabilidade sobre as decisões estratégicas. Passei a identificar na empresa, ou entre nossos parceiros, os profissionais experientes que poderiam liderar frentes do negócio que não faziam parte da minha especialidade. Sempre preferi a área de produção — sou um alquimista por natureza, gosto de criar produtos, de experimentar fragrâncias, de arriscar e inovar naquilo que oferecemos aos consumidores.

Além do desafio do crescimento d'O Boticário, o contexto econômico do Brasil também apresentava adversidades que afetavam o dia a dia do negócio. Em fevereiro de 1986, diante de um descontrole que chegou a registrar 230% de inflação ao ano entre 1983 e 1985,[1] o governo de José Sarney anunciou o Plano Cruzado — um conjunto de ações que tinham como principal objetivo o controle da alta de preços. As medidas econômicas, que previam o congelamento de preços, a criação de uma nova moeda — o cruzado —, a fixação da taxa de câmbio, entre outras, trouxeram, inicialmente, entusiasmo em todos os segmentos da sociedade brasileira. Contudo, o congelamento de preços mostrou-se insustentável no longo prazo. Sem poder reajustar os valores, diversos produtores e empresários passaram por dificuldades com a sua produção e seus serviços, gerando escassez de produtos no mercado.

Diante desse cenário, O Boticário precisava de um diretor financeiro capaz de nos guiar pela turbulência econômica, liderar a estruturação da área e dividir funções estratégicas comigo. Por intermédio de um amigo em comum, conheci, em 1986, Bernardo Fedalto, ex-diretor financeiro do Banco de Desenvolvimento do Paraná — Badep. Naquela época, Fedalto estava com 56 anos e buscava um trabalho de meio período, pois já havia se aposentado da carreira pública e queria desacelerar o ritmo de trabalho.

Liguei para ele e fui direto ao ponto: "Preciso de um diretor financeiro, mas nunca imaginei que receberia um currículo como o seu". Eu

---

1 Tiago Reis, "Plano Cruzado: O que foi e qual era o objetivo desse plano econômico?", Suno, 19 out. 2020. Disponível em: <https://www.suno.com.br/artigos/plano-cruzado/>. Acesso em: 31 jul. 2023.

havia ficado impressionado com sua trajetória profissional de longos anos servindo ao governo do Paraná e contribuindo com o desenvolvimento socioeconômico do estado. Fedalto deu risada e disse que, de fato, estava disposto a ajudar. "Você pode vir ao escritório amanhã, às oito da manhã? Gostaria que conhecesse o pessoal", falei. Mal sabia ele que sua aposentadoria não seria, na prática, tão breve quanto imaginava. No dia seguinte, não só conheceu o escritório d'O Boticário como já começou a trabalhar conosco.

A sua chegada à empresa foi crucial para estruturar a nossa área financeira. Mas ele também acabou se tornando o meu braço direito em outros diversos assuntos. Aos poucos, sua experiência e expertise me deram a confiança de delegar a Fedalto outras funções administrativas, até ele assumir, em 1987, a cadeira de diretor administrativo.

Além dele, angariei outros profissionais, como Eloi Zanetti, o primeiro diretor de marketing, entre 1989 e 2000, que comandou a B&K, empresa interna de comunicação; Washington Olivetto, que viria a ser um dos publicitários mais premiados do país e fundador da W/Brasil, e assumiu a conta d'O Boticário para alavancar a nossa publicidade; e Têre (Tereza) Zagonel, ilustradora que criou o design gráfico da maior parte dos nossos produtos nos primeiros 25 anos de empresa. Mas havia outro, que eu sabia que ainda não estava pronto para liderar uma área, mas que, mesmo jovem, me trazia questionamentos, um olhar fresco e ideias novas para o negócio: Artur Grynbaum, meu cunhado.

Um jovem parceiro para compartilhar os negócios da vida

Cecilia tem dois irmãos mais novos, Bete e Artur. No início do relacionamento, ele costumava, a pedido do pai, atrapalhar as poucas oportunidades que tínhamos a sós. Artur é o temporão da família, onze anos mais novo que minha esposa. Era comum vê-lo espiando pela fresta da porta da sala quando Cecilia e eu estávamos no sofá assistindo à televisão, no apartamento de sua família.

Fiquei mais próximo de Artur depois do meu casamento, quando ele já era um adolescente de treze anos, prestes a celebrar o seu bar mitsvá. Ele era um jovem que, assim como eu no passado, fazia suas traquinagens. Adorava jogar futebol, mas se machucava com frequência e, nessas ocasiões, se refugiava em nossa casa. Foram vários episódios de pernas e braços quebrados e, por medo de levar uma bronca dos pais, passava temporadas conosco, para que eles não descobrissem o quanto aprontava. Suas estripulias nos aproximaram e nos deram a chance de construir uma relação de parceria e cumplicidade.

Desde seus doze anos, Artur trabalhou nas lojas que faziam parte do comércio da família, ajudando em tudo que podia. Era um garoto curioso e disposto, que não perdia a oportunidade de aprender sobre diferentes assuntos. Lembro bem de quando ele aparecia à tarde, logo depois do colégio, no laboratório da rua Saldanha Marinho, querendo aprender sobre as fórmulas, os produtos desenvolvidos e as vendas. Vez ou outra, ele mesmo criava alguma receita e tentava vender para amigas de suas irmãs.

Em 1986, quando Artur tinha dezessete anos e O Boticário estava em franco crescimento, pedi permissão ao meu sogro e o convidei para me ajudar na empresa. Até aquele momento, ele trabalhava com seu pai. Desde muito jovem, notei que o espírito vendedor e empreendedor também corria em suas veias. Para se ter uma ideia, Artur costumava emprestar dinheiro para as irmãs e exigir a devolução — indício de que poderia se dar bem na área financeira de uma empresa como a minha, concluí.

O convite foi aceito e logo começamos a trabalhar juntos. A troca que tínhamos desde o início da nossa relação de trabalho sempre foi muito rica. Interessava-me escutar o que ele tinha a dizer. Mesmo muito jovem à época, Artur já demonstrava uma maturidade incomum e uma consciência surpreendente para negócios. Começamos a construir uma relação de aprendizado e cuidado mútuo, também nos negócios.

No início, ele ajudava em tudo o que fosse necessário na empresa, mas logo o direcionei para a área de que ele mais gostava: a dos números. Bernardo Fedalto foi um verdadeiro mentor para Artur — acompanhou o seu desenvolvimento desde que ele entrou na companhia e o orientou a experimentar outras áreas do negócio, como o comercial, que assumiu como diretor em 2000, quando Fedalto completou setenta anos e finalmente se aposentou (agora, de vez).

Sempre que precisava tomar alguma decisão ou me via diante de um problema, eu perguntava para Artur o que faria ou como analisaria determinada situação. Nós temos personalidades e temperamentos complementares: enquanto sou mais flexível, intuitivo, voltado para os relacionamentos e fortemente ligado às emoções, Artur, além do olhar mais jovem e inovador, tem uma atitude mais objetiva, pragmática, gosta de dados e fatos e os analisa com facilidade para tomar decisões. Gostava muito de ouvi-lo. Essa escuta se tornou ainda mais frequente e refinada ao longo dos anos.

As relações que salvam o negócio

Um negócio é feito de pessoas, por pessoas e para pessoas. E um negócio bem-sucedido é fruto das relações entre elas. Por sorte, destino, escolhas acertadas ou um pouco de tudo isso junto, eu encontrei ao longo do meu caminho pessoas com as quais pude cultivar relações de confiança que sustentaram o nosso negócio nos momentos bons e ruins.

O valor das minhas relações profissionais ficou evidente em 1987. Apesar de a inflação ter caído drasticamente — entre 1986 e 1987, o índice de preços ao consumidor do IBGE passou de 245% ao ano para 70% —,[2] as medidas econômicas do governo Sarney tratavam os sintomas econômicos, e não a doença em si. O controle da inflação era esporádico, o desemprego aumentava e passávamos por uma crise cambial. Nesse cenário, os cosméticos não eram prioridade da população brasileira. De um mês para o outro, nossas vendas caíram 30% e, rapidamente, me vi em crise, sem dinheiro suficiente para honrar os compromissos que sempre me foram fundamentais.

---

2 José Roberto Castro, "O que foi o Plano Real?", *Nexo*, 30 jun. 2019. Disponível em: <https://www.nexojornal.com.br/explicado/2019/06/30/O-que-foi-o-Plano-Real-e-como-ele-controlou-a-hiperinfla%C3%A7%C3%A3o>. Acesso em: 31 jul. 2023.

Não havia saída fácil. Decidi, então, pedir ajuda. Marquei uma reunião em São Paulo, em um estabelecimento na praça da República, com os dez maiores fornecedores da empresa, entre eles, fabricantes de vidros, de tampas de embalagem, de papel, de fragrâncias e de outros elementos essenciais para o negócio. Eu tinha medo, muito medo de que eles não aceitassem a minha proposta. Mas fui firme e direto. Em poucas palavras, abri a situação delicada para todos.

Eu estava devendo para eles, mas não podia pagar naquele momento, nem sabia quando, exatamente, poderia fazê-lo. Expliquei que estava passando por um momento delicado no setor financeiro, devido à crise no país, mas que estava confiante de que sairia daquela situação muito em breve. Apesar da crise, sempre tive a mentalidade de "colocar o pé no acelerador" — estava convicto de que encontraria soluções viáveis para continuar produzindo e vendendo. Para isso, porém, precisaria contar com a ajuda deles. Sem os produtos que eles me forneciam, eu não conseguiria seguir a produção nem reconstruir o nosso fluxo de caixa. Consequentemente, não teria como pagá-los. Ou seja, precisava receber mais material deles naquele momento para manter as vendas, ganhar fôlego no negócio e acertar as contas.

Guiei o meu discurso pela confiança nos anos de parceria que tínhamos até ali, mas não tinha ideia de como reagiriam. Quando parei de falar, não houve nenhum momento de silêncio constrangedor. Imediatamente, vi, um a um, se pronunciar em meu favor, dizendo que aceitaria me ajudar. Não houve exceção. Foi uma cena emocionante e um momento inesquecível da nossa história. Um deles, Dirceu Romani, representante da Kingraf — empresa da indústria gráfica que produz embalagens com expertise no segmento de beleza e cosméticos —, me contou tempos depois que seu chefe o havia questionado se O Boticário realmente honraria os pagamentos devidos. Romani levou a escritura de sua casa até o escritório de seu chefe e disse: "Dou meu imóvel em garantia. Se o Miguel não pagar, pode vender a minha casa e me devolver o troco". Atitudes como essa nunca serão esquecidas.

As relações reafirmadas naquele momento delicado foram fundamentais para que todos saíssemos daquela difícil reunião tranquilos e seguros de que juntos superaríamos a crise. Após o acordo, o clima estava mais leve, e conversamos sobre filhos e família. Era uma relação pessoal, que respeitava os limites do profissionalismo, mas tinha o cuidado e o carinho de quem caminha lado a lado na vida. O acordo foi cumprido, e, depois de seis meses, eu consegui quitar todas as pendências financeiras com eles, sem prejuízo a nenhum dos envolvidos.

Um sonho sem fronteiras

A crise que assolava o país me fez pensar sobre cruzar fronteiras e levar O Boticário para além do Brasil. A descentralização bem-sucedida da nossa operação com o modelo de franquias merecia expansão. Sempre estive com olhos e ouvidos abertos para o que era feito ao redor do mundo, o que consumidores de outros países desejavam, pelo que se interessavam e o que compravam. Sonhava com um negócio global.

Viajei por inúmeros países, como Alemanha, França, Inglaterra e Itália, para apresentar o meu negócio e entender como o mercado internacional recebia as nossas ideias. A cada viagem, eu via potencial para expandirmos, mas sentia que não era o momento. Montar uma operação em outro país é um passo importante e arriscado, visto que os olhos e a atenção ao negócio serão divididos. Eu jamais conseguiria estar no Brasil e na nova operação simultaneamente — especialmente com o nascimento de Annete e Tatiana —, assim como teria que treinar novas pessoas no país-sede para tocar o negócio com uma supervisão a distância. Apesar dos dilemas, eu sempre soube que havia oportunidade, então, em 1985, decidimos tentar.

Naquele ano, O Boticário contava com quinhentas lojas espalhadas pelo Brasil e seguia em expansão nacional. Nice Braga, esposa de Ney Braga, ex-governador do Paraná, conhecia nossos produtos e me convidou para representar o estado na 26ª Feira Internacional de Lisboa (FIL), em Portugal, apresentando a nossa marca e os itens de perfumaria. Enxerguei no convite uma forma de testar a adesão do público internacional ao nosso negócio e topei a aventura, que, naquele tempo, ainda soava como ousada demais.

APRENDENDO A DELEGAR

Montamos um estande com um cenário especial, simulando uma loja com vitrine e balcão, no espaço da feira reservado ao Brasil, que continha vários outros produtos típicos do país. Ali notei que a marca já era conhecida por um número considerável de portuguesas, que passavam comentando o que viam. Questionei algumas delas sobre como nos conheceram, e elas mencionaram que muitas pessoas iam ao Brasil e voltavam para Portugal com os produtos. Além disso, eu havia criado um relacionamento com jornalistas de revistas da Editora Abril, como Fátima Ali e Vera Golik, que nos entrevistavam para diversas reportagens sobre o universo da beleza. Ganhamos inúmeros prêmios de propaganda, inclusive internacionais, da mesma editora, aumentando nossa visibilidade fora do Brasil.

No fim da feira, me peguei diante de duas opções: guardar o estande no contêiner e retornar ao Brasil, ou aproveitar a estrutura ali montada e lançar oficialmente a nossa marca no país. Escolhi a segunda opção e decidi estudar as legislações locais e temas ligados à abertura do negócio. Logo constatei que o nome "O Boticário" já havia sido registrado por um português, inspirado na nossa empresa. Ele havia visitado o Brasil no ano anterior. Conheceu nossos produtos — gostou deles —, voltou a Portugal e registrou o nome, mesmo sem ideia de como poderia usá-lo. Imediatamente, entrei em contato com ele para entender o histórico do registro e tive de comprar minha marca de volta por 50 mil dólares.

Em paralelo aos trâmites burocráticos, em 1985 foi inaugurado em Lisboa o Amoreiras Shopping Center, na época o primeiro e maior espaço comercial do país e o quarto maior da Europa. A grandiosidade arquitetônica do empreendimento chamava atenção. Localizado em uma área nobre de Lisboa, cresceu em torno de um mito de que tudo que ali estava à venda era de alto valor, o que gerou para a organização uma dificuldade de alugar as lojas.

Um ano depois da inauguração do shopping, no dia 7 de setembro de 1986, com o material que eu havia levado para a feira, começamos nossa operação em Portugal. A escolha do país para dar o primeiro passo internacional foi simples: além do contato que havíamos feito com os portugueses e a boa aceitação deles, eles tinham uma cultura que se encaixava com a brasileira, traduzida, especialmente, nos hábitos de consumo e no idioma. Apesar das semelhanças, com o passar dos meses, notamos alguns ruídos de comunicação nos slogans e campanhas e adaptamos as nossas comunicações para o público local.

Hoje temos 56 lojas próprias no país. Mas o caminho da primeira até a 56ª não foi dos mais suaves, a começar pela legislação portuguesa. Segundo a lei, para abrirmos nossa primeira loja no país, precisávamos de um sócio nativo. Amigos em comum nos apresentaram uma empresária portuguesa que já havia visitado o Brasil e conhecia nossa marca. Ela não apenas aceitou empreender a marca no país como também foi responsável por trazer as pessoas certas para o negócio. Uma delas foi Francisca Távora, a Kika, nossa primeira contratada para a loja. Depois de treinamentos, Kika e outras funcionárias compreenderam rapidamente nossa essência e modo de trabalhar, aplicando-os à nova operação.

O mercado consumidor português se mostrou receptivo para a nossa marca. Seis meses depois de inaugurarmos a nossa primeira loja na capital, abrimos outra em Cascais, cidade litorânea a trinta quilômetros de Lisboa. No semestre seguinte, já em 1987, expandimos para o Porto, cidade economicamente relevante ao norte do país. Dois anos depois, abrimos o primeiro escritório d'O Boticário no exterior, em Lisboa.

Em 1988, depois da aparição dos produtos no intervalo da novela *Roque Santeiro*, sucesso da TV Globo exibido em Portugal a partir de outubro de 1987, quase dois anos depois de estrear no Brasil, a nossa marca fisgou o olhar de empreendedores. Com as vendas indo bem nas lojas próprias, fomos procurados por pessoas interessadas no negócio e implementamos o mesmo modelo de franquias utilizado no Brasil. A escolha dos franqueados, contudo, não foi acertada, e vimos a operação internacional se fragilizar. Percebemos que muitos deles se utilizavam da franquia para satisfazer interesses próprios, como abrir um negócio que seria gerido por algum familiar sem a devida dedicação ou habilidades, por exemplo.

Também notamos que não fomos tão criteriosos nessa escolha, colocando em perigo a homogeneidade da nossa marca. Os franqueados eram competentes e bons profissionais, mas revelaram não compartilhar dos mesmos valores que os d'O Boticário. Foi um período complexo, algumas vezes pensei em retornar a nossa comercialização exclusivamente para o Brasil. Ao mesmo tempo, ponderava os impactos reputacionais de sair do país europeu no qual havíamos entrado. Valeu a pena ter insistido — e investido — porque, a partir de meados da primeira década de 2000, o negócio começou a evoluir e não parou mais.

O principal ganho inicial com a expansão internacional, no entanto, não foi financeiro, mas, sim, de construção de marca para o próprio público brasileiro. Muitas pessoas que não consumiam nossos produtos viajavam para Portugal, viam nossas lojas no país e voltavam mais interessadas em conhecer melhor "esse tal de Boticário, que já está na Europa".

Por causa das más experiências com os primeiros franqueados no exterior, retornamos ao modelo de lojas próprias, como havíamos feito desde o princípio em Portugal, administradas pelos colaboradores, e não por franqueados. Kika passou a liderar nossos treinamentos e operações no país. Ela foi nossos olhos, ouvidos e braços do outro lado do Atlântico, já que estávamos distantes da rotina das lojas. Sem ela, a nossa internacionalização jamais existiria de forma tão bem-sucedida.

Anos se passaram e Kika continuou contribuindo para expandir a presença da nossa marca tanto no mundo físico quanto no digital. Preocupada com a forma como comunicávamos nossos produtos, em 2010, quando o Facebook começava a se popularizar, ela foi responsável pela estratégia d'O Boticário nas redes sociais e interação virtual com consumidores portugueses.

Em 2022, com a marca já consolidada em Portugal, ela deixou o Grupo depois de 36 anos conosco. Em seu último encontro de lideranças no Brasil, fizemos questão de homenageá-la no palco, para que ela nunca se esqueça de sua importância nessa história — nós nunca esqueceremos — e para que leve um pouco de nós, assim como sempre teremos uma parte dela conosco, como quem embarcou no sonho e na realização da expansão internacional.

Atualmente o Grupo Boticário está em dezesseis países (além do Brasil, Angola, Arábia Saudita, Bolívia, Colômbia, Costa Rica, Emirados Árabes, Estados Unidos, Guiana, Japão, Moçambique, Panamá, Paraguai, Portugal, Suriname e Venezuela), com operações próprias — e seguimos crescendo ano a ano.

O primeiro endereço: rua Saldanha Marinho, n. 214, no centro de Curitiba.

Laboratório da loja da Saldanha Marinho, com suas primeiras colaboradoras.

A primeira fábrica, em São José dos Pinhais, começou a ser construída em 1981.

BOTICA COMERCIAL FARMACÊUTICA LTDA.
INSC. EST. 10 138 656 - N
C.G.C. 77 388 007/0001 - 57

Rua Saldanha Marinho, 214 - Tel. 34-3429   Curitiba - Paraná

Curitiba, 17 de março de 1977

Prezado(a) Sr.(a)

Iniciando suas atividades, nesta capital, O BOTICÁRIO, farmácia exclusivamente de manipulação de produtos farmacêuticos e cosméticos, tem a satisfação de convidá-lo(a) para sua inauguração no dia 22 de março de 1977.

Neste dia das 9:00 ás 18:00 horas O BOTICÁRIO, estará ao seu inteiro dispor para visitas e sugestões.

Certos de sua presença agradecemos antecipadamente,

O BOTICÁRIO
Rua Saldanha Marinho, 214.

Miguel G. Krigsner CRF-9 1573
Eliane Nadalin CRF-9 1568

Convite para a inauguração da loja O Boticário.

Miguel e Cecilia na inauguração da primeira fábrica, em abril de 1982.

Fábrica em Camaçari, na Bahia, inaugurada em 2014.

Miguel ao telefone, atendendo clientes.

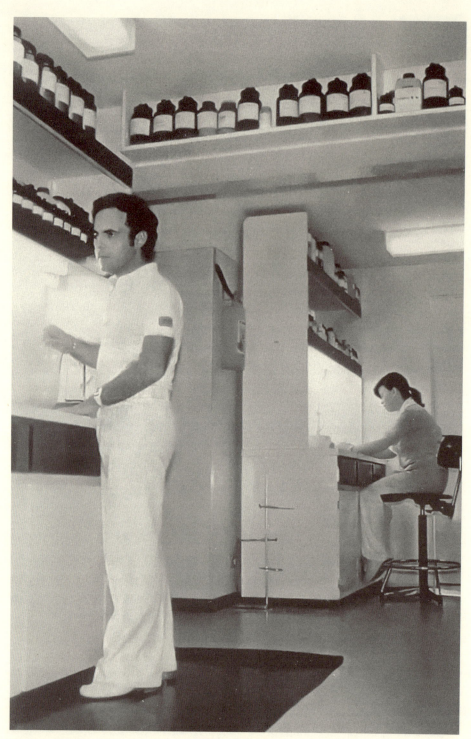

O "alquimista" Miguel Krigsner.

Com a pequena batedeira que ganhou da irmã, Miriam, e que virou um marco no negócio.

Miguel com a primeira coleção d'O Boticário.

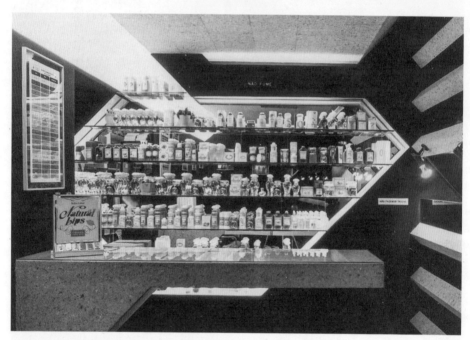

A primeira loja com produtos exclusivos, no aeroporto Afonso Pena, em São José dos Pinhais, região metropolitana de Curitiba.

A primeira loja em Portugal, inaugurada em 1985 em Lisboa, assinalando a internacionalização da marca.

Miguel e Artur no evento de lançamento do Malbec, em 2004.

Miguel e Artur em 2008, ano em que ocorreu a sucessão da empresa.

Styletto marcou a estreia da empresa no mercado de perfumaria masculina.

Convenção de franqueados d'O Boticário em Foz do Iguaçu, em 2002.

Galeria P&D, espaço em São José dos Pinhais dedicado a compartilhar a história do grupo que se tornou a segunda maior rede de franquias do Brasil.

Reunião que marcou o início da Fundação Grupo Boticário de Proteção à Natureza, em novembro de 1990.

Reserva Natural Salto Morato, patrimônio da Unesco, no litoral norte do Paraná.

Miguel discursa na inauguração do apoio da Fundação Grupo Boticário à Reserva Natural Salto Morato.

Miguel Krigsner.

Miguel confeccionando bonecos.

Celebrando o Teatro Dr. Botica, que funcionou de 2004 a 2022.

5
Da porta para fora

TREZE ANOS DEPOIS DA ABERTURA da farmácia de manipulação da rua Saldanha Marinho, O Boticário vivia um crescimento acelerado. Já tínhamos os nossos "produtos de prateleira", fabricados em grande quantidade, mais de oitocentas franquias espalhadas pelo Brasil, operação fora do país, além de um caixa seguro para a manutenção da empresa. Naquele momento, eu sentia que o negócio tinha duas necessidades imediatas: uma delas era retribuir para o mundo aquilo que a vida havia me proporcionado e, outra, amadurecer a comunicação da nossa marca da porta para fora. Tinha algumas ideias e as compartilhava com outras pessoas, mas ainda não sabia exatamente a melhor maneira de colocá-las em prática.

Durante minhas reflexões sobre o momento de negócio d'O Boticário, uma das memórias mais afetuosas da minha primeira infância veio à tona: a do Natal. Embora a data não seja celebrada pela religião judaica, meu avô materno, Ricardo, e eu tínhamos um ritual especial para essa época do ano. Ainda em La Paz, na Bolívia, todo dia 24 de dezembro, ele me vestia de Papai Noel: traje vermelho, gorro de veludo com a ponta branca, barba falsa e um grande saco de presentes. Carregava dezenas de embrulhos com doces e brinquedos, empacotados especialmente pelo meu avô. O objetivo era distribuí-los para crianças pobres da comunidade próxima à nossa casa. Ano após ano, Ricardo transformou aquele gesto em tradição, e as crianças faziam fila para receber seus presentes.

Meu avô era boa-pinta, galante e uma pessoa generosa. Ele me dizia que era importante conhecer outras realidades econômicas e sociais para dar valor ao que temos. Também dizia que, sempre que possível, deveríamos usar os nossos privilégios, que na época não eram muitos, para ajudar outras pessoas. O Natal era uma dessas ocasiões. Além de ter se tornado um ritual especial com o meu avô, que se repetiu até eu completar oito anos, era emocionante ver aquelas crianças felizes brincando com o que acabavam de ganhar, ainda que na época eu não compreendesse muito bem por que aquilo mexia tanto comigo.

Foi ali que aprendi na prática o que significa a palavra *tzedaká* e a adotei como uma postura de vida. Apesar de traduzida frequentemente como "caridade", em hebraico ela significa justiça. Para o judaísmo, ajudar o próximo não é um ato de condescendência, mas, sim, um dever, uma forma de devolver a todos os seres humanos a dignidade que lhes é de direito. Ao ajudar outras pessoas, entendo que, mais do que beneficiá-las, no fundo, fazemos um bem para nós mesmos. O fato de olhar para além das próprias necessidades e fazer algo pelo próximo é uma forma de melhorar o entorno e se transformar internamente. E então, em 1989, tive um clique.

Retribuir faz parte do negócio

Naquele ano, depois da queda do Muro de Berlim em novembro — acontecimento que marcou o final da Guerra Fria —, viajei para a Alemanha para conhecer uma fábrica de vidros coloridos — esses itens eram mais difíceis de serem encontrados no Brasil, especialmente em larga escala. Em dificuldades, a fábrica precisava se desfazer de um lote de ânforas verdes, as quais arrematei naquele momento. Depois da visita, na viagem de carro de volta para Nuremberg, cidade onde estava hospedado, passei por uma área de reflorestamento. Apesar do verde abundante, notei que não havia pássaros na copa das árvores, nem voando ao redor da área reflorestada. Fiquei intrigado e questionei os moradores, que me disseram que, depois do desmatamento, as espécies de aves que habitavam aquela região migraram para outra. Embora a flora tivesse sido preservada, a fauna havia sido colocada em perigo, pensei. Isso me trouxe um alerta de que certas atitudes que temos em relação ao meio ambiente são irreversíveis. Algo poderia — e deveria — ser feito para mudar aquele cenário, enquanto ainda fosse possível.

Naquele momento da história, a expressão "desenvolvimento sustentável" acabava de ser popularizada pela divulgação do Relatório Brundtland, de 1987, mais conhecido como "Nosso Futuro Comum", da Comissão Mundial sobre Meio Ambiente e Desenvolvimento das Nações Unidas. "Desenvolvimento sustentável é aquele que atende às necessidades do presente sem comprometer a capacidade das gerações futuras de atenderem as suas próprias necessidades", diz o relatório, que criticou o modelo de desenvolvimento adotado pelos países industrializados — e reproduzido pelas nações em desenvolvimento, como o Brasil — de exploração indiscriminada da natureza.

Contudo, o tema da degradação ambiental não era novo para o mundo, nem para as Nações Unidas, que já haviam promovido, em 1972, a primeira conferência internacional sobre o assunto, em Estocolmo, capital da Suécia. Realizada em uma época em que as maiores preocupações governamentais eram relacionadas a estratégias militares e em que governos autoritários predominavam em todos os continentes, a conferência teve efeitos limitados, mas não inexistentes. Nessa mesma época, por exemplo, foi criado o Greenpeace — organização não governamental ambiental. Com o objetivo inicial de lutar contra o extermínio de baleias, a ONG expandiu o escopo de suas atividades para empreender ações contra a realização de testes nucleares. Como ela, a maioria das ONGs ambientalistas com expressividade internacional nasceu depois de Estocolmo.

Vinte anos mais tarde, em 1992, o Brasil seria o país eleito para sediar uma nova conferência ambiental da ONU, a Rio-92. Depois da Assembleia Nacional Constituinte de 1987, o debate ambientalista ganhou força no governo brasileiro, ainda mais com a Constituição Federal de

1988, que dedicou um capítulo inteiro apenas à defesa e à preservação do meio ambiente.

Voltei da Alemanha trazendo comigo o desejo de contribuir ativamente para a causa. Resolvi compartilhá-lo, ainda sem um plano concreto, com o então diretor de comunicação d'O Boticário, Eloi Zanetti. Pedi que ele me ajudasse a encontrar ambientalistas da região, pois precisávamos fazer algo para conservar as florestas brasileiras, antes que fosse tarde demais. Era uma dívida de gratidão que eu tinha com esse país que me proporcionou tantas oportunidades — especialmente no começo da farmácia de manipulação, quando usamos produtos naturais para criar cosméticos — e me acolheu tão bem desde que cheguei da Bolívia.

Na época, também fui inspirado pelo livro *Primavera silenciosa*, da bióloga Rachel Carson, lançado em 1962. Essa obra foi um marco para a revolução ambiental, já que apresenta inúmeros documentos científicos que comprovam os efeitos nocivos do pesticida dicloro-difenil-tricloroetano (DDT). A leitura me fez ver ainda mais a urgência de agir em prol do meio ambiente. Enquanto mergulhava em ideias, por sorte, a mídia estava divulgando o trabalho de um ambientalista de Curitiba que desenvolvia pinheiros de proveta, ou seja, fazia clones da árvore para propagação vegetativa. Achei que aquele poderia ser um caminho para trilharmos. Eloi ligou para a Fundação de Pesquisas Florestais do Paraná, onde trabalhava Flávio Zanette, líder do projeto dos pinheiros.

Minha ideia, a princípio, foi plantar uma árvore a cada produto vendido pela marca. A meu ver, seria uma forma de criar uma grande área de conservação ecológica. Por telefone, Flávio ouviu a proposta, mas disse que, para tentar viabilizar o plano, seria mais indicado recorrer à Escola de Florestas da Universidade Federal do Paraná. Em nossa primeira ligação, conversamos com Miguel Milano, um dos diretores da Fundação de Pesquisas e da Escola de Florestas, e marcamos uma reunião para o dia seguinte no escritório d'O Boticário.

Enquanto eu contava o que tinha em mente, Miguel me olhava com ar de perplexidade — uma mistura de desconfiança e curiosidade. Em dado momento, ele me interrompeu, dizendo que faria apenas uma pergunta: "Quantos produtos vocês vendem anualmente hoje?". Na época, a resposta era de 4 milhões a 5 milhões de produtos vendidos por ano, o que significaria plantar 2,5 mil hectares — o equivalente a 2,5 mil campos de futebol, como ele logo explicou. Naquele momento, ele se frustrou com a ideia e nos alertou de que o negócio seria insustentável a longo prazo. A tendência era que as vendas crescessem ano a ano, e assim não teríamos lugar suficiente para tantas árvores. E, mesmo que tivéssemos, seria inviável cuidar de todas elas ao longo de tantos anos, infelizmente.

Ouvimos o alerta, mas estávamos convictos de que precisávamos fazer algo grandioso pelo meio ambiente. Insistimos na ideia, conversamos mais algumas vezes com Miguel, que tentou nos dissuadir do gigantismo contido no projeto e, em vez de investir naquela proporção, sugeriu que plantássemos uma árvore a cada 100 mil produtos vendidos. Não funcionou porque seria difícil comunicar aos clientes o significado daquilo. Seria esquisito dizer algo como: "Quando você compra um produto O Boticário, está plantando 0,001% de uma árvore". Depois de muitos outros encontros e debates, ele nos trouxe uma sugestão diferente, mas igualmente impactante, que mantinha a essência do nosso objetivo: conservar a natureza.

Miguel nos mostrou que o conceito de plantar árvores é crucial, mas não precisaríamos reconstruir um meio ambiente se antes ele não tivesse sido destruído, ou prejudicado. A proposta dele era conservar em vez de remediar. Assim, não precisaríamos recuperá-lo no futuro. Eu gostei da possibilidade, mergulhei no material que ele nos apresentou e começamos ali um programa de apoio à conservação com uma dinâmica simples: os líderes de projetos que desejassem ter seus trabalhos apoiados deveriam nos procurar e se encaixar em um dos segmentos — parques e reservas; pesquisa de vida silvestre; ou arborização urbana —, categorias que criamos de partida. Esse foi o início da Fundação O Boticário de Proteção à Natureza.

Depois de ouvir a proposta de Miguel, passei dias pensando em como materializá-la. Após duas semanas, chamei-o para uma nova reunião. Em minha sala, mostrei o estatuto da fundação que elaborei com base no material que ele havia nos apresentado, e o convidei para fazer parte da diretoria do negócio. Eu precisava de alguém que entendesse genuinamente do assunto para que a ideia saísse do papel. No início, ele hesitou. Tinha muitas outras ocupações como professor e diretor de fundação. Mas, com a minha insistência, percebeu que seria uma boa oportunidade para fazer a diferença.

Ele não só veio, como ainda chamou mais alguns ambientalistas de renome: o almirante Ibsen de Gusmão Câmara, referência da conservação ambiental no Brasil; e a engenheira agrônoma e ecóloga Maria Tereza Jorge Pádua, conhecida como a "mãe dos parques nacionais do Brasil" pelo seu trabalho de implantação de unidades de conservação no país e por sua atuação à frente da Funatura, uma organização não governamental global de conservação da natureza. Também convidou outros ambientalistas de destaque para integrar o nosso conselho, que era composto de diretor financeiro, diretor técnico, diretor de comunicação, presidente da fundação e ambientalistas independentes.

No dia 21 de setembro de 1990, data em que se comemora o Dia da Árvore, constituímos oficialmente a fundação. Fomos pioneiros. Os debates sobre preservação da biodiversidade brasileira e sobre responsabilidade ambiental corporativa ainda estavam no começo, então tivemos que desbravar o território e construímos cada etapa do zero. No início, a ideia era destinar 100 mil dólares por ano para patrocinar projetos de preservação da natureza. Os primeiros projetos eram bem diversos entre si: conservação da fauna silvestre, combate à poluição, proteção de uma reserva natural, entre outros. Aos poucos, aconselhados pelos especialistas em meio ambiente e representantes do conselho, direcionamos as verbas para conservação e preservação da biodiversidade.

Nem todos estão dispostos a contribuir

Com o passar dos anos, fomos aprendendo com o negócio e entendendo mais do setor em que estávamos inseridos. Uma fundação, ainda que coordenada por uma empresa privada, está diretamente ligada ao poder público e ao trabalho de outros ambientalistas — afinal, a natureza é um bem comum.

Entretanto, muitos dos atores desse setor não compreendiam nem apoiavam o trabalho que exercíamos, pois não acompanhavam de perto nossa atuação. Diversas vezes, precisei ir até a Assembleia Legislativa do Paraná para participar de comissões parlamentares de inquérito — (CPIS), depois de receber denúncias infundadas de alguns ambientalistas, que alegavam que nós utilizávamos dinheiro vindo do exterior para alocar na fundação e assim alavancar o negócio. Provamos o contrário ao mostrar que todo o recurso utilizado era auditado e autorizado pelo Ministério Público. Outros, que estavam mais preocupados com o ganho financeiro e dispostos a usar os recursos naturais para esse fim, nos denunciaram com argumentos falsos para atrapalhar nosso alcance. Mesmo assim, com a ajuda de todos os profissionais que fizeram e ainda fazem parte da entidade, fomos conquistando o nosso espaço e o respeito no setor.

Ao longo de sua história, a fundação foi homenageada e recebeu inúmeros prêmios, como o de Mérito Ambiental, pelo Instituto Brasileiro de Defesa da Natureza, em 2005; a Consagração Pública, pela Câmara Municipal de Curitiba, em 2006; o 8º Prêmio Von Martius de Sustentabilidade, pela Câmara de Comércio e Indústria Brasil-Alemanha, em 2007; o Prêmio Integración Latino Americano, pela Câmara Internacional de Pesquisas e Integração Social, em 2008; o Prêmio GreenBest, pelo voto popular na categoria ONGs, pela Greenvana, em 2011; entre tantos outros. O mais importante é que a fundação cumpre o seu papel — tão sonhado por nós — de conservar o meio ambiente.

Hoje, sob o nome de Fundação Grupo Boticário de Proteção à Natureza, ela é responsável pela conservação da Reserva Natural Salto Morato, localizada em Guaraqueçaba, litoral norte do Paraná. A reserva está inserida no maior remanescente contínuo de Mata Atlântica do Brasil e foi reconhecida pela Unesco como Patrimônio Natural da Humanidade. Desde 1994, contribuímos para a conservação de mais de 2253 hectares desse bioma. A reserva já recebeu mais de 100 mil visitantes desde sua criação, que vão até o local principalmente pela cachoeira com cem metros de queda-d'água, e pela figueira centenária, que forma uma ponte viva acima do rio do Engenho.

Há também a Reserva Natural Serra do Tombador, no interior de Goiás, em Cavalcante, quase na divisa com Tocantins. Desde 2007, a extensão, equivalente a 9 mil campos de futebol, está sob os cuidados da fundação. A reserva fica em uma das áreas mais importantes do cerrado brasileiro e, pela dificuldade de acesso, mantém seu foco apenas na conservação e em pesquisas.

Já a Grande Reserva Mata Atlântica, que abrange os estados de Santa Catarina, Paraná e São Paulo, tem mais de 2 milhões de hectares de áreas naturais não fragmentadas. A fundação atua especialmente na preservação das espécies ameaçadas de extinção na região. Temos parcerias com diversas instituições locais para fomentar o empoderamento da população e aumentar a demanda pelo turismo sustentável.

Mais recentemente, em 2020, lançamos também o projeto Movimento Viva Água, com diversas organizações públicas e privadas, para garantir o abastecimento com água limpa proveniente do rio Miringuava, em São José dos Pinhais, para todos os habitantes da região. Um dos grandes objetivos desse projeto é a conservação e a restauração da vegetação na margem dos rios, o que gera impacto direto na qualidade da água.

Além dos nossos projetos, apoiamos o movimento Década do Oceano, realizado pela ONU, que ocorre no período de 2021 a 2030, e prioriza a preservação do oceano e a gestão dos recursos naturais de zonas costeiras. Vinte e sete por cento do total de investimentos em pesquisas realizadas pela fundação até o início deste projeto foram voltados às ciências oceânicas, portanto, esse ideal já faz parte de nossa história e essência.

São mais de 1500 projetos apoiados até hoje. Atualmente, com uma gestão independente, seu único vínculo financeiro e de governança com o Grupo Boticário é o aporte de um por cento da receita anual do grupo destinado à fundação.

Ter criado a fundação me leva de volta àquela fase da infância, vestido de Papai Noel com o meu avô, ainda na Bolívia. Sinto a mesma satisfação por conseguir, de alguma forma, gerar impacto no entorno e exercer a justiça, preceitos do *tzedaká*. Essa sensação é apaixonante. É como uma comichão, uma vez que você começa, é difícil parar. Quando se sente a emoção de fazer acontecer, de mudar rotas, de ter a coragem para enfrentar desafios e sair da zona de conforto pelo bem maior, não há como voltar.

Empreender é captar sinais — e agir

Enquanto a empreitada da fundação se desenvolvia, eu ainda buscava meios para melhorar a comunicação da marca O Boticário, mostrando para o mundo a nossa essência e o que pretendíamos construir para o futuro. Sou empreendedor e, nessa qualidade, sempre me senti como um radar, que capta sinais com certa facilidade e cria algo inusitado e construtivo. Mas nunca consegui fazer isso sozinho. Para materializar boas ideias, cultivei relações de confiança e contei com a ajuda de profissionais excelentes, como o Eloi, que comandou a área de comunicação e marketing desde o fim da década de 1980 até 1999.

Ele foi um dos profissionais seniores que trouxe para O Boticário quando percebi que precisávamos de estrutura para não só expandir como também profissionalizar o negócio. Ele vinha de um passado de agência de propaganda e a sua presença na empresa era valiosa — até ele chegar, tínhamos uma equipe de comunicação interna, mas éramos apoiados por agências externas. Não existia uma unidade na comunicação entre a rede de lojas próprias e a dos franqueados. O Eloi soube captar essa dissonância muito bem e comunicá-la para mim.

Antes mesmo de me apoiar com a criação da fundação e com a divulgação do nosso novo braço ambiental, ele propôs projetos importantes para aprimorar a comunicação da empresa e com os nossos consumidores. O primeiro deles foi a criação de um jornal interno (um formato similar às newsletters que temos hoje). O tema do primeiro jornalzinho nos escapa à memória, mas lembramos vivamente das mais de mil cópias feitas em máquinas de xerox para serem distribuídas na fábrica e entre os lojistas. Apesar da resistência inicial que Eloi enfrentou — a distribuição de um número de cópias tão alto quanto aquele era trabalhosa —, com o passar das edições, a comunicação e o relacionamento entre os diferentes atores que faziam parte do nosso negócio, naquele momento, melhoraram. Todos sabiam ao mesmo tempo e de uma única fonte, por exemplo, sobre o lançamento de produtos, abertura de uma nova loja ou mudanças na gestão interna.

Pouco antes de o Código de Defesa do Consumidor — CDC ser publicado, em setembro de 1990, Eloi também sugeriu a criação de uma ouvidoria — o primeiro canal formal de relacionamento com os nossos clientes. Nós havíamos participado de uma palestra de Philip Kotler — professor estadunidense e um dos maiores especialistas em marketing do mundo — em São Paulo no fim da década de 1980. Um dos temas que mais nos chamou atenção foi "marketing de relacionamento", que consiste na construção de relações satisfatórias a longo prazo não apenas com consumidores, mas também com fornecedores e distribuidores, e na criação de estratégias para expandir as relações comerciais.

No voo de volta para Curitiba, numa sexta-feira, Eloi retomou algumas das falas de Kotler durante a palestra e me alertou sobre a necessidade de ouvirmos os nossos clientes. Fazíamos isso de maneira informal até então, pois sempre gostei de ouvir o que as pessoas tinham a dizer sobre os nossos produtos, sobre o que gostavam ou não, sobre o que funcionava para cada franquia, em cada região. Na terça-feira da semana seguinte, reunimos uma equipe para colocarmos a ideia em prática e buscarmos referências em empresas que já tinham um sistema de relacionamento com o cliente estabelecido. A Nestlé, multinacional suíça do setor de alimentos e bebidas, foi a primeira empresa no Brasil a criar o Centro Nestlé de Informação ao Consumidor, em 1978.

Projetos como esses, aliados à expansão da empresa, fortaleceram cada vez mais a marca O Boticário no imaginário social. Mas o que realmente potencializou a nossa comunicação, além dos esforços de Eloi e de sua equipe na B&K, foi a nossa parceria com a W/Brasil, de Washington Olivetto, que se iniciou em 1988. Naquela época, Olivetto havia saído da renomada agência DPZ para fundar a sua própria — W/GGK, que depois se transformou na icônica W/Brasil. Ele já atendia contas grandes como a Swiss Air e a Bombril, fabricante de produtos de higiene e limpeza doméstica. O Boticário, com pouco mais de dez anos de existência, apesar de já ser conhecido, seria uma conta pequena nas mãos de Olivetto. Mesmo assim, queria trabalhar com ele e fui até São Paulo para me apresentar.

"Todos os clientes já foram pequenos um dia. Nós queremos crescer com você", me disse, na sala de seu escritório em São Paulo. Naquele momento, firmamos uma parceria que ajudou no crescimento — e reconhecimento — de ambas as nossas empresas, contribuindo não apenas para a marca O Boticário, mas para a história da propaganda nacional. O primeiro comercial que lançamos juntos foi protagonizado pela atriz Ana Paula Arósio, quando ela tinha ainda quinze anos, na sua primeira aparição pública. Para divulgar a linha de cosméticos Wood Collection, Ana Paula se maquiava para as câmeras ao som de "Marina", de Dorival Caymmi. A mensagem que transmitimos era sobre "a maquiagem natural", reforçando a origem da matéria-prima dos nossos produtos e alinhada ao slogan que adotávamos à época, "A natureza em frascos".

Ao longo de mais de dez anos de parceria com a W/Brasil, reforçamos a marca O Boticário como brasileira por essência — da matéria-prima utilizada nos produtos à preservação da natureza. A solidificação do nome da empresa, impulsionada, também, por um contexto de recuperação econômica a partir da década de 1990, aumentou a nossa visibilidade e responsabilidade. O Boticário havia tido mais de uma década de expansão e, agora, precisava adequar a sua estrutura para uma fase de maior reconhecimento externo.

6
Crescer, mudar e manter
os pés no chão

DEPOIS DE UMA DÉCADA marcada por taxas de inflação elevadas e crescentes, déficit fiscal e moeda desvalorizada, o Brasil começava a dar sinais de recuperação. Com o fracasso de cinco programas de estabilização econômica — planos Cruzado (1986), Bresser (1987), Verão (1989), Collor I (1990) e Collor II (1991) —, o Plano Real, lançado em junho de 1994 pela equipe econômica de Fernando Henrique Cardoso, então ministro da Fazenda no governo Itamar Franco, foi o pontapé para profundas transformações, que abriram caminho para o Brasil se inserir mais ativamente no cenário internacional.

O principal êxito do plano, implementado em três fases — primeiro, o ajuste das contas públicas, depois a introdução da unidade real de valor (URV) e, posteriormente, do real —, foi acabar com o fenômeno da hiperinflação. Em 1998, a inflação foi de 1,7%. A abertura econômica e as privatizações ao longo da década de 1990, associadas à estabilidade, resultaram em forte incentivo aos investimentos nacionais e estrangeiros, fomentando a reestruturação da indústria que havia sofrido com o cenário econômico da década anterior.

Enquanto isso, n'O Boticário, continuávamos a expandir o negócio.

Em 1994, faturamos 250 milhões de dólares[1] (incluindo a rede de franquias) e estávamos numa fase de lançamento de produtos que se tornaram ícones da marca. Lançamos o Floratta, uma deo colônia[2] com fragrância floral, em 1995, para comemorar os dezoito anos da empresa. Para criar o frasco, convidamos o perfumista francês Thierry Lecoule, que assinou o design de frascos da designer francesa Paloma Picasso, do estilista francês Guy Laroche e do ator Alain Delon. Inspirado pelas nossas florestas tropicais, Lecoule desenhou um frasco com orquídeas e bromélias em relevo, e a tampa em formato de uma flor.

O marketing, comandado por Eloi e desenvolvido pela W/Brasil, chamava cada vez mais atenção. Fazíamos anúncios em revistas femininas, material de divulgação para os pontos de venda, merchandising em novelas, entre outras ações. Ainda em 1995, lançamos outro item de perfumaria feminino, o Crazy Feelings, com uma fragrância mais acentuada. Naquela época, o compositor Luiz Rettamozo e o músico Olmir Stocker compunham os jingles das campanhas publicitárias d'O Boticário. Para o Crazy Feelings, Rettamozo insistiu que Tim Maia ajudasse na composição da letra.[3] Uma das maiores vozes da MPB protagonizou uma das propagandas mais célebres da nossa marca — a música ficou tão boa que entrou para a discografia do cantor, no álbum *Sorriso de criança*.

Pouco antes de O Boticário completar duas décadas de existência, eu já via sinais de que a nossa estrutura de gestão precisava ser aprimorada e modernizada. Ainda tínhamos uma mentalidade de fábrica — o que é

---

1 Francisca Rodrigues, "Boticário lança colônia na Espanha e Portugal", *Folha de S.Paulo*, 27 mar. 1995. Disponível em: <https://www1.folha.uol.com.br/fsp/1995/3/27/dinheiro/14.html>. Acesso em: 31 jul. 2023.
2 Também conhecida como *eau de toilette*, isto é, versão mais diluída de um perfume, portanto, mais fraca.
3 "*Now is the time/ We are here/ You and I/ And what I'm feeling/ Is crazy feelings/ I'm crazy about you/ I'm going out of my mind/ Crazy feelings/ Crazy feelings/ Crazy feelings/ How many times/ I regret to say/ That I was dreaming/ That I was dreaming/ I'm crazy about you/ I'm going out of my mind/ Crazy feelings/ Crazy feelings/ Crazy feelings*". Tim Maia, "Crazy Feelings", 1998.

bom para alcançar quantidade e qualidade —, porém a empresa havia crescido com a chegada de novos profissionais, a abertura de mais lojas, além de um maior reconhecimento da marca pelo mercado. Uma mudança era necessária. Em paralelo ao que acontecia no país a partir da segunda metade da década de 1990 — transformação da gestão, abertura e estabilização econômica —, precisávamos fazer o mesmo dentro de casa.

Para evoluir, mudar

Conversei com Bernardo Fedalto e sugeri que Artur liderasse um processo que, internamente, denominamos de "Redesenho". Em 1996, Artur já estava n'O Boticário havia dez anos — período no qual ele se tornou meu sócio. Desenvolvi profunda admiração pela sua postura profissional, sempre firme e assertiva. Acompanhando seu crescimento na empresa, notei a coerência em seu modo de agir: ele transformava suas ideias em ações que acreditava serem as melhores para o nosso negócio. Era notável a forma como ele já defendia seus pensamentos com clareza e consistência para toda a nossa diretoria. Assim, nos aproximamos cada dia mais.

O Boticário precisava de uma liderança mais jovial. A cada nova interação com fornecedores, colaboradores e clientes, eu via a confirmação de que ele estava preparado para assumir o novo desafio. Por isso, além da transformação da estrutura em si, meu objetivo era ver como Artur se sairia na liderança de um projeto importante, digno de um CEO. Minha intenção, apoiada por Fedalto, não era deixá-lo solto — nós dois estaríamos ao lado de Artur para auxiliar no processo e pegar no ar os pratinhos que, eventualmente, pudessem cair.

Iniciamos o Redesenho em 1996 e o terminamos um ano depois. Nesse período, transformamos o nosso modelo de gestão ao criar vice--presidências verticais, focadas em cada segmento do negócio para que a atenção aos detalhes fosse nossa prioridade. Novos profissionais reforçaram os times — e tantos outros deixaram a companhia, por não se encaixarem nos caminhos que se apresentavam.

Durante a reestruturação, também encerramos a parceria com distribuidoras locais e organizamos a nossa logística para levar os produtos a todo o Brasil, dividindo com nossos maiores franqueados as distribuições específicas para cada região. A mudança foi a semente para o modelo de negócio que adotamos mais tarde, multimarca e multicanal. Vivemos, na época do Redesenho, um período desafiador de mudança, mas indispensável para o nosso crescimento — e Artur foi essencial no processo.

Atraindo olhares

Ao longo de alguns anos no fim da década de 1990, mantive contato com multinacionais do mercado de cosméticos e beleza, pois pensava numa possível fusão. Uma das que nos procurou foi a Yves Rocher, multinacional familiar francesa fundada em 1959 pelo empresário de mesmo nome. Assim como nós, a empresa também desenvolveu produtos à base de matérias-primas naturais, registrando-os como Cosmétique Végétale (cosmética vegetal, em tradução literal).

Desde o início da década, a organização atuava no Brasil e adotava o sistema de vendas por telemarketing, mas seus líderes queriam mudar a forma de produção e distribuição dos produtos no país. Fizemos diversas rodadas de conversas por quase dois anos. A ideia sobre a qual concordamos inicialmente era que, em vez de uma fusão, O Boticário fabricaria os produtos Yves Rocher e os distribuiria em território nacional, sem envolver a nossa rede de franqueados.

Com isso acordado, começamos, então, as discussões contratuais. Ao longo das inúmeras reuniões que fizemos, apareciam executivos diferentes para conversar com a nossa equipe — apesar de familiar, a Yves Rocher era uma multinacional, e as movimentações me pareciam mais frequentes do que as que eu estava acostumado n'O Boticário, onde eu tinha profissionais de décadas ao meu lado. A sinergia que enxerguei entre os nossos produtos e processos de fabricação não era a mesma quando o tema eram as relações com as pessoas. Intuitivamente, sentia que não estávamos na mesma página e, com aquela operação, O Boticário poderia perder a essência de proximidade, colaboração e família que sempre fiz questão de cultivar.

Precisei de um tempo para traduzir o desconforto que sentia nas reuniões na percepção objetiva de que não tínhamos os mesmos valores. Quando me dei conta disso com clareza, decidi pegar um voo para Paris, onde ficava a sede da Yves Rocher. Levei o Artur comigo para conversar com os franceses e encerrar as negociações. A reunião estava marcada para as onze horas da manhã. Não durou nem uma hora: disse que não queria continuar com o negócio e não me preocupei em dar justificativas. Então, Artur e eu saímos da empresa, buscamos um restaurante para almoçar e, no final do dia, voltamos para o Brasil. "É melhor um fim com dor que uma dor sem fim", repetia para mim mesmo à época.

Mas esse não foi o único "não" que demos na história d'O Boticário para propostas de aquisição da empresa, fusão ou investimento. Recebemos algumas investidas. A verdade é que, diante delas, sempre me senti honrado e agradecido, mas não consegui aceitá-las. Uma de minhas grandes preocupações desde o início do negócio é que ele, em algum momento, caísse em mãos erradas. Já imaginou o perigo de ter um elefante em uma loja de porcelanas? Poderia quebrar tudo o que foi construído até ali e arriscar o potencial do que ainda vamos construir.

Para gerir uma empresa como a nossa é preciso, além de dinheiro, independência e autonomia para idealizar, criar, crescer, errar e consertar erros com uma solução ainda melhor do que a que tínhamos anteriormente.

Desvio de rota

Quando empreendemos um negócio e ele é bem-sucedido, é quase automático acreditar que qualquer nova ideia tem grande potencial de dar certo também. O perigo mora na silenciosa convicção de que, uma vez conquistado, o sucesso futuro é garantido. Aconteceu comigo. Tinha, em meu histórico, o êxito d'O Boticário: um empreendimento com que eu me sentia confortável, pois era especialista nas estruturas sólidas que o sustentavam.

No segundo semestre de 2002, a empresa somava mais de 2 mil lojas pelo Brasil, e a nossa operação internacional caminhava com relativo sucesso — além das 61 lojas em Portugal, duas na Bolívia, duas no Peru e duas no Paraguai, estávamos começando a instalar quatro lojas próprias na Cidade do México. Como empreendedor, sou inquieto, e abri minha cabeça para novas possibilidades que chegavam com frequência aos nossos escritórios. Inúmeras propostas de patrocínio e alguns convites para integrar conselhos de empresas estavam na lista, mas um projeto em particular me chamou a atenção. Sete sócios do então recém-revitalizado Shopping Estação, em Curitiba, me procuraram em busca de um empréstimo para concluir o empreendimento.

A ideia era concentrar várias opções de lazer em um grande shopping na capital paranaense, e a proposta me pareceu promissora. Sem consultar ninguém — o que não era comum para mim —, aceitei, investi na ideia e passei a acompanhar o empreendimento de perto, junto com os sócios. Não demorou muitos meses para eu perceber que aquele dinheiro investido jamais retornaria. Os sócios desistiram do negócio. Como patrocinador, eu já havia investido um capital relevante, não queria aceitar que tudo havia sido perdido. Então insisti. Assumi a frente e a gestão do negócio e, na tentativa de salvá-lo, continuei investindo.

Eu estava obstinado a fazer aquilo dar certo — até chamei minha filha Annete, estudante de administração na época, para me ajudar. Ao contrário de como me sentia n'O Boticário, ali eu não estava em terra firme. O shopping, para mim, mais se assemelhava a um pântano. Era como pisar num solo incerto e, a cada tentativa de dar um passo, sentia afundar mais, como se a lama entrasse pelos meus dedos. Eu não era especialista em coordenação e gestão de shopping center. Olhando para trás, sei que todo o empenho que dedicasse ali não seria suficiente para me levar ao sucesso que eu estava esperando.

Mas, naquele momento, construí uma relação próxima com os mais de duzentos lojistas, os meus parceiros de negócio. Sabia que, assim como eu, eles tinham investido suas economias e, em alguns casos, apostado o futuro financeiro de suas famílias naquele lugar. Eu me sentia pessoalmente responsável por cada um deles — em diversos momentos tive de intervir financeiramente nas lojas. Era comum eu circular pelo shopping e ouvir pedidos de ajuda para adiar o pagamento do aluguel em trinta dias, fosse porque havia ocorrido um vazamento de água que estragou as mercadorias de determinado lojista, fosse por motivos pessoais, como para ajudar familiares em estado de saúde debilitado. A inexperiência no setor e o meu ímpeto de não deixar que as dificuldades impactassem as pessoas fizeram com que eu construísse uma relação que se tornou prejudicial ao negócio como um todo. Demorei a perceber a hora de parar.

Apesar dos altos e baixos, o shopping me trouxe algumas realizações. Foi naquele espaço que construí o Teatro Dr. Botica, um majestoso espaço infantil, símbolo cultural d'O Boticário, além de ser uma homenagem à minha mãe e à nossa paixão por bonecos. Dois anos depois, em 2004, surgiu também a oportunidade de alugar o terreno ao lado do shopping para criar um centro de convenções completo, distribuído por três andares com espaços para realização de palestras, cursos e festas. Acreditei que a sua construção pudesse ser a virada do negócio e fui em frente, investindo um pouco mais. Usamos equipamentos modernos, com isolamento acústico e térmico. O espaço se tornou um importante centro de convenções no Brasil, a ponto de muitas empresas nos procurarem para vincular suas marcas ao local. Fizemos um contrato com a companhia de telecomunicações Embratel, e o centro se tornou o Estação Embratel Convention Center pelo período de quatro anos. O capital proveniente do acordo chegou a ajudar nas finanças, mas não foi suficiente.

Perdi alguns anos de saúde durante essa fase da minha vida. Cecilia e minhas filhas me pediam para parar, pois viam que aquilo estava tomando muito do meu tempo e da minha energia, além do dinheiro. Mas eu pensava que perderia ainda mais se simplesmente interrompesse o negócio. Mantive esse pensamento até o dia em que o meu sogro, Mario Grynbaum, vendo a complexidade da empreitada, me chamou de canto e disse: "Miguelito, para que você precisa disso?". Suas poucas palavras me impactaram mais do que qualquer reunião de resultados e números que me provassem que o negócio não tinha salvação.

O questionamento dele me fez refletir, mas foi a conversa com o seu filho, Artur, que me fez decidir. Ele me chamou e disse que o empreendimento não tinha futuro e que poderíamos perder muito mais, comprometendo inclusive O Boticário, até então saudável. Eu ouvi cada palavra dita por ele sem retrucar, por mais que tenha sido doloroso perceber que eu havia passado do ponto. Era hora de parar.

Dias depois, em um domingo de manhã, Fernando Modé, diretor financeiro d'O Boticário na época, nos chamou para uma conversa no centro de convenções ao lado do shopping. Ele e outros membros da diretoria, incluindo Fabiana de Freitas, diretora jurídica, trabalhavam no Projeto Core, que estudava a possibilidade de venda do shopping, assim como do centro de convenções, ativos desconectados do nosso negócio principal. Tratava-se de um movimento para voltar o foco à atividade essencial da empresa, que era a produção e comercialização de cosméticos.

Com muito pesar, em 2007, decidimos — desta vez, em conjunto — vender o shopping e o centro de convenções. Passamos meses em busca de um comprador, até que a brMalls, empresa que administra e gere shopping centers, fundada em 2006, demonstrou interesse em adquirir o empreendimento. Depois de conversarmos por semanas, concluímos a venda e transferimos a administração. Antes de virar a página dessa história, no entanto, tive a oportunidade de viver um momento de extrema felicidade ali.

O Shopping Estação hoje é um dos mais importantes centros comerciais de Curitiba. Para mim, ele se tornou uma grande lição de que nem sempre o sucesso passado é garantia de futuro, e que é fundamental ter ao nosso lado pessoas em quem confiamos e que nos alertem sobre a hora de parar — como fizeram comigo, e sou grato por isso. Só agora, muitos anos depois dessa página virada, entendo esse episódio como uma fase de grandes aprendizados, pessoais e profissionais. Aceito com mais serenidade tudo o que aconteceu e me perdoo pelas atitudes que tive e que me levaram à beira de um abismo ao qual não quero voltar. Estive ali porque me permiti sonhar, arriscar, errei tentando acertar — e disso me orgulho.

Alquimia: voltando às origens

Enquanto iniciávamos as discussões sobre o Shopping Estação, decidimos fazer uma viagem em família e entre amigos para aproveitar o Réveillon de 2002. Pedro, filho de Charles London, um dos meus grandes amigos de uma vida inteira, é jogador de futebol e disputaria as Macabíadas, os jogos olímpicos da comunidade judaica, no Chile. Charles e eu combinamos de viajar para prestigiá-lo e aproveitar juntos a virada de ano.

Além de vermos o Pedro jogar, aproveitamos o país, que é conhecido especialmente pela produção de bons vinhos. A maioria de nós apreciava a bebida, por isso marcamos visitas a diversas vinícolas da região. No segundo dia da viagem, conhecemos a Concha y Toro, famosa vinícola com sede no Vale do Maipo, em Pirque, que fica a cerca de uma hora de Santiago, capital do país. Em um dia ensolarado e quente, enquanto meus amigos passeavam por ela, eu, que havia me acidentado pouco antes da viagem e passado por uma cirurgia em um dos ombros, me limitei a ficar em um canto, logo à entrada. De lá, pude observar as caves, bem como a dinâmica de produção dos vinhos nos barris. Minha cabeça começou a fazer conexões inusitadas e tive alguns insights, como se estivesse em uma espécie de transe.

Depois de explorar os detalhes do local, Charles me reencontrou, e eu comentei como se pensasse alto: "Se essa produção em barris funciona tão bem para vinhos, é possível que funcione para perfumaria também". Ele ouviu, sorriu, mas não continuamos o assunto. A ideia, porém, não saiu mais da minha cabeça. O embrião do Malbec, um dos produtos de maior sucesso d'O Boticário, estava criado.

Durante o voo de volta ao Brasil, fui aprimorando na mente o conceito da nova fragrância. Analisando bem, a sinergia entre o vinho e a perfumaria é muito clara — e o processo de produção é igualmente minucioso. Ambos possuem aromas primários, secundários e terciários, além de passarem por um período de amadurecimento. Para produzir um item de perfumaria, precisamos de álcool, então por que não usar o álcool vínico e unir os dois universos?

Assim que cheguei de viagem, fui à fábrica confiante de que a ideia poderia funcionar e a apresentei ao time de desenvolvimento de produtos. Chamei duas pessoas que eu sabia que seriam imprescindíveis para desenvolver o novo projeto: Claudia Stenger e César Veiga. Dei a eles carta branca para que mergulhassem em pesquisas para viabilizá-lo da melhor forma possível. Depois dessa primeira imersão, nos juntamos à casa de fragrâncias IFF, International Flavors & Fragrances, para acompanhar os detalhes de cada uma das etapas de fabricação da bebida. Viajamos com o perfumista da IFF para Mendoza, uma das mais importantes regiões produtoras de vinho na Argentina, responsável por 70% da produção nacional e conhecida pelo cultivo da uva da variedade Malbec.

O time d'O Boticário passou uma semana visitando vinícolas da região para conhecer de perto o processo de produção de cada tipo de vinho. Em uma das visitas, foi coletado o *headspace,* isto é, o cheiro exato do momento da maceração do vinho para tentar reproduzi-lo em laboratório, o que, infelizmente, não deu certo. Ainda que tenhamos chegado perto, não conseguimos reproduzi-lo da mesma forma.

O aparente fracasso nos rendeu a ideia de trazer os barris de carvalho para dentro de nossas fábricas. Só assim poderíamos alcançar as notas daquele cheiro tão característico. A planta da fábrica foi então alterada para que dezoito barris, importados da França, fossem instalados em um local isolado — uma estratégia para que a madeira não entrasse em contato com as demais produções. Enquanto o time de desenvolvimento implementava o uso de barris de vinho para fabricação de uma fragrância, as equipes de embalagem e comunicação trabalhavam para trazer a essência de um produto inovador também para a sua apresentação, do frasco e sua embalagem final até a divulgação ao mercado.

Nossa ideia era trazer ao homem brasileiro uma fragrância que pudesse ser usada tanto de dia quanto à noite — e que estivesse disponível em um ano. Conseguimos. Ela passou por diversas lapidações até o time de desenvolvimento me apresentar uma versão que, eu soube no momento em que senti, era a ideal. Forte e robusta, mas também clássica e intrigante. Lançamos o Malbec em 2004, o sucesso de vendas foi imediato e perdurou no tempo. Ele se mantém como uma das maiores linhas d'O Boticário, com faturamento em níveis ótimos. De um produto derivou-se uma linha completa de perfumaria, com catorze fragrâncias diferentes, todas feitas a partir da base do álcool vínico macerado.

Inovação também no jardim

Logo depois do lançamento do Malbec, ainda em 2004, durante uma viagem à França para conhecer novos perfumes e técnicas de produção, vi na prática como funcionava o método de *enfleurage*, um dos mais antigos e clássicos da perfumaria mundial, desenvolvido no país no século XVIII. Já o conhecia dos meus anos de estudo do mercado da perfumaria, mas nunca o tinha visto ao vivo. Foi uma experiência encantadora. A técnica consiste na extração de óleos essenciais por meio de gordura animal inodora. Hoje em dia, são poucas as empresas que ainda utilizam esse método. Naquele ano, a *enfleurage* já havia sido substituída por técnicas mais modernas na maioria das grandes empresas. Mesmo assim, pensei que ainda poderia ser útil.

Retornei ao Brasil com a ideia de explorar essa técnica com o time d'O Boticário, mas ainda sem saber como ela seria desenvolvida. Por acaso, ou destino, a equipe de criação e desenvolvimento de produtos já desenhava uma linha de *eau de parfum* — ou seja, um produto com essência da fragrância mais forte, em torno de 15% a 25% da composição —, o que era perfeitamente propício para o uso da *enfleurage*. Mais uma vez nos debruçamos nos estudos.

Claudia e César, líderes do time, tiveram a ideia de viajar para Holambra, a "cidade das flores" do interior de São Paulo, a aproximadamente 140 quilômetros da capital. De volta a Curitiba, contaram aos demais integrantes da equipe sobre o cheiro que sentiram assim que chegaram a um dos campos de flores visitados. Na hora, eles afirmaram que dali sairia a matéria-prima para mais um sucesso da perfumaria brasileira. Mesmo com uma grande variedade de espécies de flores disponíveis no local, eles se aproximaram de uma a uma até chegar ao lírio-branco, no qual encontraram o cheiro mais pronunciado naquele ambiente.

Seguiram com o lírio de Holambra diretamente para Campinas, também no interior de São Paulo. Ao chegar à universidade estadual da cidade (Unicamp), conversaram com pesquisadoras na busca de gordura vegetal, a fim de evitar gordura animal no processo de produção (faz parte da nossa prática não fazer testes em animais). Precisávamos de ajuda para adaptar uma técnica tão antiga quanto a *enfleurage* às novas tecnologias de produção de fragrâncias. Professores e pesquisadores da universidade tentaram nos convencer de que aquele método era inviável e de que havia muitos outros, mais modernos e práticos, para serem utilizados. Mas estávamos decididos a arriscar — e inovar — mais uma vez. Logo, conseguimos convencê-los a serem os nossos parceiros no desenvolvimento da técnica, desta vez nos utilizando de práticas mais sustentáveis — como o uso de gordura vegetal e suporte de acrílico (e não de vidro ou madeira, como na França) para acomodar as flores.

O processo foi, então, criado. Os lírios vêm de Holambra para Curitiba e descansam durante duas semanas no suporte, dentro de uma sala climatizada, para que se desenvolvam até o momento ideal de liberação da fragrância. A extração começa logo após esse período e é realizada nas caixas de acrílico com gordura vegetal de palma para a captação do óleo essencial que, posteriormente, é misturado com álcool.

O método de criação do Lily foi tão inovador quanto o do Malbec, tanto para o nosso modo de produção quanto para o mercado nacional. Ele foi o primeiro *eau de parfum* brasileiro d'O Boticário.

Diferentemente do Malbec, o sucesso não foi imediato, mas insistimos, e um ano depois ele decolou. Lily se tornou a fragrância feminina mais vendida do Brasil e o nosso terceiro item de perfumaria de maior sucesso, que ganha cada vez mais produtos em sua linha, hoje composta também de *splashes*, desodorantes, cremes hidratantes, óleo perfumado, spray para as mãos, gel antisséptico e variações de fragrâncias do *eau de parfum*.

Com o amadurecimento da gestão da empresa entre 1995 e 2005, fui, aos poucos, percebendo que a minha essência, como alquimista, era muito importante para o desenvolvimento dos nossos produtos. O crescimento d'O Boticário, contudo, já não estava apenas nas minhas mãos, pois tínhamos profissionais muito capacitados cuidando da empresa como se fosse deles (no caso do Artur, realmente era). Os desvios de rota desse período e as ofertas para nos associarmos a parceiros e expandir o negócio abriram meus olhos para dois aspectos ligados ao nosso processo de expansão: a essência de uma empresa precisa ser reforçada constantemente e a gestão precisa evoluir. Percebi que estava na hora de preparar minha saída da operação e planejar a sucessão.

7
Da alquimia à potência multimarca

A PSICANÁLISE FAZ PARTE DA MINHA VIDA desde os meus dezessete anos. O processo terapêutico sempre foi um grande suporte para minhas escolhas e me ajudou a entender meus medos, angústias e confusões internas. Até hoje, considero um recurso essencial para encontrar paz e tomar decisões alinhadas aos meus valores.

Desde que O Boticário começou, em 1977, como uma farmácia de manipulação, a empresa viveu momentos de construção, crescimento e amadurecimento contínuos. Nos primeiros anos, eu era o responsável por tomar as principais decisões para resolver os mais diversos assuntos: reforma da fábrica, abertura de novas lojas, mudanças no laboratório, contratação de pessoas, organização de novas áreas, lançamento de produtos e compras de essências.

Ainda me lembro vivamente de uma sessão de psicanálise em especial, em que falei a seguinte frase ao psicanalista: "Tenho medo de ser engolido pelo monstro do trabalho". O ritmo intenso me assustava, pois percebia que não tinha muitas pausas para tratar de assuntos pessoais ou simplesmente relaxar. Eu me sentia, ao mesmo tempo, realizado e sobrecarregado. Entendo que foi uma escolha e que essa realidade faz parte da história de qualquer empresário.

O sentimento perdurou durante os anos do processo de redesenho da empresa até o início dos anos 2000. Apesar de ter consciência de que O Boticário chegava a uma etapa da sua história que demandava renovação da liderança e, consequentemente, o planejamento da minha sucessão, pensar em sair da cadeira de CEO era tão assustador quanto o "monstro" que me assombrou por anos. Deixar a operação da empresa representaria renunciar ao controle e ressignificar o meu papel como líder.

Mas qual seria esse papel? O que de fato eu faria? Quais seriam as minhas novas atribuições? Que relevância minha visão teria para o futuro do negócio? Os questionamentos e inseguranças habitaram meus pensamentos por anos, mas se abrandaram com o passar do tempo, especialmente com o apoio da psicanálise e de profissionais especializados em processos de sucessão.

O desafio da longevidade

Desde que minhas filhas nasceram, cultivava o sonho de vê-las ao meu lado, empreendendo n'O Boticário. Mas Cecilia e eu fazíamos questão de incentivar que elas escolhessem o que quisessem como carreira. Annete, inicialmente, queria ser médica, porém foi desencorajada por um parente nosso — médico — que lhe apresentou o livro *The House of God* [A casa de Deus], de Samuel Shem, cuja trama desmistifica o ideal da medicina. Depois da decepção, cursou administração. Tatiana, por sua vez, sempre gostou de ler e, desde pequena, tinha um senso de justiça apurado. Escolheu cursar direito. Enquanto elas cresciam e buscavam seus rumos profissionais, eu observava suas decisões, percebia o crescimento profissional e pessoal delas, e a vontade de que integrassem a empresa crescia em mim.

O meu desejo estava relacionado ao receio de a empresa perecer ou mudar de rumo sem a minha presença. Antes de amadurecer a ideia sobre o crescimento profissional do Artur, acreditava que a melhor maneira de manter viva a essência que eu havia criado na companhia seria um dia passar o bastão para minhas filhas. Ao longo da trajetória como empresário, compreendi que esse desejo e crença são comuns para a maioria dos fundadores (senão de todos) de empresas familiares. Em um país como o Brasil, empresas familiares representam mais da metade do nosso PIB, mas poucas delas chegam a sustentar-se gerações a fio —[1] não à toa a longevidade de um negócio familiar é um assunto tão debatido.

Em 2002, quando comecei a olhar com seriedade para o assunto da sucessão, convidei José Paschoal Rossetti, renomado economista brasileiro e especialista em governança corporativa — hoje, um grande amigo —, para me auxiliar. Além da consultoria prestada por ele, trazendo conhecimentos teóricos e práticos sobre a perenização do negócio, nos encontrávamos com frequência para discutir dilemas pessoais que enfrentava nesse período — como questionamentos sobre a eventual preparação das minhas filhas para o futuro n'O Boticário e a minha relevância para o negócio depois da transição.

Nas nossas conversas, Rossetti sempre dizia: "Uma sucessão deve ser trabalhada desde o berço". E eu respondia: "Não fiz isso com as meninas". Até o início dos anos 2000, não havíamos discutido o assunto de forma estruturada. Eu expressava que as queria no negócio, mas evitava ser muito direto para não pressioná-las. Não fizemos, portanto, um planejamento sucessório e familiar, com a participação delas em programas de governança ou em cursos para preparação de herdeiros. Apesar disso, Rossetti me ajudou a perceber que elas poderiam, sim, se envolver com o negócio em outros papéis, não necessariamente na presidência executiva. Independentemente de trabalharem no negócio ou não, herdariam a empresa como acionistas, o que também exigia preparo. Os conselhos e orientações de Rossetti nos ajudaram a evoluir no assunto como família empresária. As duas trabalharam um período n'O Boticário e depois passaram a fazer parte de comitês deliberativos.

---

1 Carlos Martins Pereira, "Qual é o grande desafio à longevidade das empresas familiares brasileiras, segundo Dom Cabral", *Exame*, 25 fev. 2023. Disponível em: <https://exame.com/negocios/qual-e-o-grande-desafio-a-longevidade-das-empresas-familiares-brasileiras-segundo-a-dom-cabral/>. Acesso em: 31 jul. 2023.

Transição equilibrada

Ao mesmo tempo, amadurecíamos o plano para a sucessão executiva. Naquele ano, 2002, o governo de Fernando Henrique Cardoso terminava, e a economia refletia as repercussões da fase de transição. De um lado, as incertezas decorrentes do período eleitoral tiveram impacto direto na redução dos investimentos e no consumo de bens com maior valor agregado; por outro, houve estímulo às exportações e à produção interna de bens similares aos importados.

Apesar das instabilidades, O Boticário registraria naquele ano um crescimento 26% maior do que em 2001, que havia sido de 377 milhões de reais (1,4 bilhão de reais em 2023, de acordo com o IPCA), e o volume de vendas das lojas franqueadas atingiria 1,2 bilhão de reais (4 bilhões de reais em 2023, de acordo com o IPCA).[2] Além do crescimento em volume financeiro, também estávamos ganhando competitividade no mercado, lançando novos produtos, aumentando e capacitando a equipe interna. O negócio se expandia nacional e internacionalmente, enquanto estruturávamos a governança, com a criação de times multifuncionais e multidisciplinares.

Artur ocupava posições cada vez mais relevantes para o dia a dia do negócio e a nossa sociedade amadurecia. Sua transformação em um líder inovador, firme e com um olhar para o negócio complementar ao meu foi me libertando do monstro do trabalho e da minha preocupação com a longevidade do negócio. O fato de nos conhecermos há tantos anos, de forma tão profunda, sob tantos diferentes aspectos, fez com que eu pensasse com mais tranquilidade sobre a minha saída da liderança executiva. De certa forma, a sucessão estava se dando naturalmente.

Por mais duro que fosse desapegar do título de líder d'O Boticário, o impulso que me levou a trabalhar no processo sucessório era bem

---

2 Olavo Pesch, "Em ano instável, Boticário prevê faturamento recorde", *Tribuna do Paraná*, 16 nov. 2002. Disponível em: <https://www.tribunapr.com.br/noticias/economia/em-ano-instavel-boticario-preve-faturamento-recorde/>. Acesso em: 31 jul. 2023.

mais importante: garantir a perenidade do negócio. Eu só precisava aceitar e estruturar os passos seguintes. Então, vendo que a passagem de bastão era uma tendência e um plano viável, decidi que assim que completasse sessenta anos, em 2010, faria a sucessão da presidência executiva para o Artur.

Durante os anos de preparação para que ele me sucedesse, não me lembro de um episódio sequer em que tenhamos discutido de forma afrontosa — ainda que existam discordâncias, sempre mantivemos o tom de voz baixo e o respeito. Eu tenho uma visão mais apurada para produtos; ele, para a expansão. Mesmo assim, soubemos conciliar as nossas visões para construir um futuro cada vez mais adequado ao que os nossos consumidores e o mundo exigem — e Rossetti foi fundamental para evidenciar as potencialidades de cada um de nós e como melhor utilizá-las para o propósito comum.

A partir de suas orientações, entendemos que seria necessária a criação de um conselho, órgão responsável por aconselhar e propor recomendações sobre as principais decisões estratégicas de uma empresa. Somos uma sociedade limitada, portanto, não temos a obrigação legal de ter um conselho. Mas a deliberação pelo consenso me parecia a forma mais adequada de gestão para a nova fase d'O Boticário. O conselho seria o fórum onde ouviríamos e examinaríamos posições contraditórias para tomar a decisão mais acertada para o futuro da empresa. Nessa nova configuração, uniríamos, portanto, a juventude e energia do Artur à minha maturidade e inspiração, assim como ao apoio de conselheiros externos, experientes e independentes.

O conselho foi criado em 2007, no trigésimo ano d'O Boticário. Faltavam, portanto, mais três anos para que eu completasse sessenta e consolidasse a passagem da presidência executiva ao Artur. Com o avanço das nossas conversas e a criação do conselho, no entanto, percebi que esse marco temporal era um preciosismo desnecessário. Decidi, então, comunicá-lo sobre a minha decisão de adiantar a sucessão em dois anos. Em 2008, fui para a presidência do conselho, e Artur, para a presidência executiva. Começava um novo ciclo da história d'O Boticário.

O ritual de passagem

A sucessão da empresa merecia uma cerimônia para oficializar aquele momento especial para todos os envolvidos. Então, anunciamos a mudança de gestão para franqueados e colaboradores em uma convenção nacional. No dia 27 de fevereiro de 2008, contei os porquês da decisão e a minha expectativa para o negócio dali em diante. "O Boticário tem crescido muito. Precisa de um modelo de gestão extremamente apurado. Tem gente que diz que em time que está ganhando não se mexe. Não concordo. Acho que é nesse momento que se deve mexer para jogar ainda melhor", disse. Também falei sobre a minha nova posição — que agora estava clara e confortante para mim: "Vou ter muito trabalho, vou estar cada vez mais presente, observar, cobrar resultados. Entrego a presidência d'O Boticário com total confiança". Eu estava emocionado.

Logo depois, Artur assumiu o microfone, com a voz trêmula e, segundo ele, pernas bambas — apesar de não transparecer nervosismo para quem assistia. "É preciso melhorar sempre. Nosso nível de exigência tem que ser cada vez maior. O mercado é grande, é agressivo, não podemos errar. Temos que ser cada vez mais assertivos em tudo."

Aquele momento era inédito, único. Ali, ele dizia suas primeiras palavras como presidente — e eu ouvi, atento e orgulhoso: "Queremos construir uma organização que continue em destaque. Vamos fazer isso juntos. Vamos todos ajudar a polir uma joia. Porque é isso que O Boticário é, uma joia valiosíssima". Experimentei um tipo de realização diferente de todas as outras até então.

Na sequência do anúncio, fizemos o ritual: levei comigo o livro em que anotava todas as receitas de nossos produtos vendidos na pequena farmácia de manipulação da rua Saldanha Marinho. Para simbolizar a sucessão, diante de todos, entreguei o livro ao Artur. Na sequência, enfileiramos todas as lideranças que coordenariam O Boticário com ele dali em diante. Todos seguravam uma vela apagada. Eu, com a única vela acesa até o momento, acendi a do Artur, que lentamente iluminou todas as outras, uma a uma. O fogo representava o poder e a nova governança da nossa empresa. A minha vela não se apagou nem ficou mais fraca, apenas ganhou muitas outras acesas ao redor — era exatamente a ideia que pretendíamos transmitir. Compartilhar — e não dividir.

O medo do novo

Com o anúncio oficial da sucessão, alguns de nossos colaboradores, franqueados e fornecedores demonstraram receio e desconforto com a situação. O Boticário foi moldado pelas relações que, a princípio, foram estabelecidas por mim. Ainda que Artur fosse um profissional admirado pelas pessoas ao nosso redor, a ideia da minha saída da presidência gerou inquietação e insegurança, o que é absolutamente comum e compreensível em processos dessa natureza.

Para minimizar as dúvidas, fizemos o que sempre soubemos fazer bem: dialogamos. Era essencial que o time enxergasse o mesmo que nós. A mudança traria resultados positivos, pois Artur e eu estávamos alinhados. Vivíamos um momento delicado de construção de confiança, peculiar de uma transição daquele porte, por isso qualquer deslize poderia destruir ou ao menos abalar o nosso trabalho de anos.

Os franqueados foram os que se mostraram mais receosos, uma postura que considero compreensível. Muitos deles estavam comigo desde o início do negócio — e continuaram. Nossa relação era de proximidade e, possivelmente, a figura que eu representava para eles era até mais importante do que a do negócio em si, o que costuma acontecer em empresas em que o dono está presente. Para ampliar essa visão, foi necessário cuidado e paciência. Fui transparente com eles: reforcei que a relação que construímos no início d'O Boticário não seria a mesma que teriam com Artur, até porque o negócio já tinha uma escala muito maior e centenas de franqueados, além dos milhares de pessoas em nossas fábricas e lojas. Mas fiz questão de destacar, em conversas e com a apresentação de resultados, que a relação deles com a companhia só teria a ganhar — até porque, com Artur na liderança, nossa nova meta seria inovar em produtos e processos.

Com o tempo, as atitudes foram falando mais alto do que as palavras e comprovando a seriedade do compromisso que assumimos com todos os nossos parceiros. Em 2010, criamos o programa O Futuro em Nossas Mãos, para auxiliar os nossos franqueados a escolherem seus sucessores. A minha saída da presidência executiva d'O Boticário serviu de modelo para muitos dos nossos franqueados que perceberam que a mudança na gestão não significa o fim para o líder que foi sucedido. Sucessão bem-feita valoriza a experiência de quem já esteve anos à frente de um negócio e faz com que as pessoas assumam outros papéis. Dois anos depois da criação do programa, em 2012, mais de quarenta sucessores já haviam sido mapeados e estavam sendo capacitados para assumir a liderança das respectivas franquias.

Alguns franqueados já estão na terceira geração — é o caso da família Gentil, que acompanhei recentemente. Eles inauguraram as nossas franquias no Nordeste e são os responsáveis por toda a nossa distribuição e alcance na região desde 1980. Conheci Antônio Gentil por intermédio de colegas em comum, ainda na nossa primeira sede, na rua Saldanha Marinho. A conexão de negócios — e de valores — aconteceu instantaneamente. Ele levou a nossa marca para o Rio Grande do Norte e a disseminou por toda a região. Em 2014, fez a primeira sucessão para seu filho Glauber e desenvolveu um programa robusto, em que prepara e apresenta a empresa para seus netos, adolescentes já interessados pelo negócio.

Uma homenagem aos que não podem ser esquecidos

Na minha nova posição como presidente do conselho, tive tempo para me dedicar a outras atividades que, como empreendedor, cidadão e judeu, acreditava que precisava cumprir. Eu queria construir algo que eternizasse a história de filhos do Holocausto como eu. Mais de 6 milhões de judeus morreram naquela época.

Mencionar esse número, vultoso, não dá a dimensão do que foi a atrocidade daquele momento tão trágico. Porque não eram números, eram pessoas. Pais, mães, filhos, irmãos, sobrinhos, avós. Pessoas que tinham suas histórias, afetos, sonhos, medos e que passaram por dolorosas situações que não podem ser esquecidas. Esse sempre foi um assunto difícil, sensível e emocionante para a minha família. Meus avós, com razão, não gostavam de lembrar dessa época, e meu pai viveu até o último dia de sua vida tendo pesadelos com os alemães, sem querer verbalizar suas lembranças.

Eu, como geração posterior à perseguição, também carrego feridas internas de tamanha crueldade. Foi durante a escola que, curioso, decidi ir atrás do assunto por conta própria. No Brasil, pouco se falava do Holocausto quando eu era adolescente, não existia uma bibliografia extensa e profunda sobre o tema. Mesmo assim, eu queria saber mais, por isso buscava aprender sobre meus antepassados. Lembro de ganhar o livro *Treblinka*, de Jean-François Steiner, que conta detalhes de como era a vida nesse campo de concentração na Polônia. Um dos meus maiores choques durante a primeira leitura foi saber que naquele local havia dois homens com nanismo responsáveis exclusivamente por arrancar os dentes de ouro das pessoas, sem qualquer cuidado ou cerimônia. E esse ato estava entre os menos cruéis se comparado a outros terríveis.

Um dia visitei pessoalmente o cenário de outras histórias cruéis: o campo de concentração de Terezin (Theresienstadt), na República Tcheca. A visita dura cerca de quatro horas e é guiada pelo pátio, celas e um túnel de quase um quilômetro de extensão pelo qual os judeus transitavam, além de outros espaços sombrios. É possível encontrar ainda alguns desenhos feitos pelas crianças presas durante o período do Holocausto. Ali nota-se a criatividade dos pequenos, usada para reproduzir o terror que viviam — algo muito angustiante de se ver —, com giz de cera e aquarela, além de colagens sobre qualquer suporte disponível. As crianças retratavam, entre outras, cenas de pessoas gritando, de familiares se separando, de vultos escuros. Foi por isso que escolhi gravar essas memórias. Não para que se torne uma lembrança de sofrimento, mas, sim, um relato, uma descrição de tudo o que jamais deve acontecer novamente.

Eu não sabia exatamente como eternizar algo tão cruel. Passei a visitar museus que retratam a época por todo o mundo. Conversei com pessoas envolvidas com o tema, coletei materiais de familiares, amigos e outras pessoas da comunidade que conhecia e acumulei muitas narrativas. A princípio, minha ideia era escrever um livro, mas os caminhos me mostraram uma possibilidade diferente, que considerei mais ousada e eficaz.

Em 2009, começamos a construir uma nova sinagoga em Curitiba — a antiga, sinagoga Francisco Frischmann, inaugurada em 1960, já não comportava mais tantas pessoas — e, junto à comunidade, decidimos reunir nossas principais organizações. Assim, concentramos no Centro Israelita do Paraná — que, até então, era apenas um clube localizado no bairro do Bom Retiro, em Curitiba — instituições de educação, religião e lazer para a comunidade. O terreno escolhido para o templo era íngreme, por isso a sinagoga foi construída na parte mais alta do espaço, deixando a parte baixa apenas como estrutura de sustentação. Foi durante uma das minhas visitas à obra que notei aquele grande espaço, que me pareceu pronto para ser aproveitado, algo em torno de quatrocentos metros quadrados. Pensei: é aqui que faremos um Museu do Holocausto. O primeiro do Brasil.

Começamos uma intensa fase de pesquisas que durou cerca de dois anos. Ao meu lado, profissionais como Carlos Reiss, também filho do Holocausto, especialista em história e ética judaicas, graduado em comunicação social pela UFMG e pós-graduado em geopolítica e relações internacionais pela Universidade Tuiuti do Paraná. Lançou dois livros sobre a temática e tornou-se uma autoridade no assunto. Juntos, desenhamos as estruturas do que seria o museu. Para nos apoiar, contratei uma empresa especializada em museologia, com sede em São Paulo, além de outros especialistas para construirmos um espaço didático e que reproduzisse, em alguma medida, os cenários dos acontecimentos para proporcionar uma experiência mais verdadeira a quem visitasse.

Em 20 de novembro de 2011, inauguramos o Museu do Holocausto de Curitiba em forma de homenagem aos meus pais, meus avós e, principalmente, ao meu sogro, Mario Grymbaum, que foi um partisan, guerrilheiro que entrava na floresta com outros grupos de guerrilha para lutar contra os nazistas. O museu é uma homenagem à vida.

Não é apenas um espaço de memória, mas um lugar de educação. O nosso desafio foi e ainda é transformar um tema tão denso e doloroso em um conteúdo educativo e inspirador. Atualmente, desenvolvemos um trabalho muito próximo a escolas públicas do Paraná e regiões vizinhas para visitação gratuita. Recebemos cerca de quatro a cinco grupos por semana para apresentar às crianças fatos que elas nem imaginavam que já aconteceram e que, se não cuidarmos das pequenas formas de preconceito e segregação racial, social, de gênero e sexualidade que ainda vemos hoje, podem voltar a acontecer.

É a história contada a partir das histórias individuais. Trouxemos pessoas, objetos e relatos da comunidade que atenderam ao nosso chamado durante a campanha de abertura, além de materiais de familiares e amigos, um rico conteúdo que traz detalhes de diversos momentos daquela época. Hoje, temos um grande banco de dados com fotos, passaportes, cartas e roupas de vítimas do Holocausto, que retratam o passado de forma fiel. Nossa exposição já rodou o país contando cada uma dessas histórias. Dois anos depois da abertura do espaço, fomos convidados a expor no Salão Negro do Congresso Nacional, em Brasília. Foi um dos maiores eventos dos quais já participamos, e chamei toda a minha família, os colaboradores do museu e sobreviventes, para que contassem suas histórias pessoalmente. Depois do evento, levamos as peças para Belo Horizonte, São Paulo e Rio de Janeiro.

O dia da inauguração foi inesquecível. Lembro-me do enorme nervosismo que sentia, justificado pelo valor emocional daquele momento. Ao meu lado estavam Cecilia, minhas filhas, Annete e Tatiana, Carlos Reiss e o enxuto, talentoso e competente time que nos ajudou a transformar a ideia naquele museu. Pouco antes da abertura, eu questionava a todos: "O que devo fazer? Nunca inaugurei um Museu do Holocausto antes". A equipe estava preparada e me deu todo o suporte. Juntos, idealizamos cada detalhe daquela celebração com muito apreço e respeito à história. Os folders, distribuídos com os relatos de alguns sobreviventes, foram milimetricamente pensados, desde o tipo do papel até a letra usada. Diante de um fato de valor histórico tão delicado, cada sutileza importa.

O time que idealizou o projeto comigo é o mesmo que cuida do museu até hoje. Mais uma vez, por sorte ou intuição, encontrei e construí relações verdadeiras com as pessoas certas, que me ajudam a coordenar um dos lugares que mais me conecta com meu passado e o de muitas outras pessoas até hoje — com o cuidado, o respeito e a sensibilidade que ele merece.

Enfim, Grupo Boticário

Enquanto eu me dedicava à sinagoga e ao Museu do Holocausto, acompanhava também — e de perto — os novos caminhos d'O Boticário. Vi a promessa de entusiasmo e inovação com a ascensão do Artur se concretizar em novos negócios. Tornamos a empresa a maior rede de franquias do país. Tínhamos uma companhia em franca expansão que se transformava de acordo com as novas demandas.

Os consumidores se tornavam cada vez mais exigentes, em busca de novos produtos e segmentos. Com ajuda de um estudo feito, a nosso pedido, pela consultoria Bain & Company, percebemos que, para a empresa crescer e continuar relevante no setor, seria preciso atacar outras frentes destinadas a conquistar mais mercado e atender às demandas dos consumidores. Começamos a cogitar, mais uma vez, a fusão ou aquisição com outras empresas brasileiras para entrar em venda direta — algo que a Natura e a Avon faziam muito bem desde sua fundação.

Apesar de estar relutante com a ideia, concordei que inovar o nosso canal de vendas poderia nos trazer mais alcance. Com auxílio de consultorias e bancos de investimentos, fizemos uma análise no mercado brasileiro de cosméticos e produtos de beleza, a fim de encontrar marcas com as quais tivéssemos identificação. Apesar de nos aproximarmos de algumas empresas, como a Contém1g, de Rogério Rubini, com quem tivemos algumas conversas, as possibilidades não se mostraram frutíferas.

Foi quando O Boticário deixou de ser o nosso único negócio para se tornar um guarda-chuva de outros. O Grupo Boticário nasceu como um conglomerado que aos poucos chegou a reunir nove marcas — e até o momento — para atender aos diferentes perfis de consumidores brasileiros.

Iniciamos o processo com a criação da nossa própria marca, a Eudora, em março de 2011. Artur liderou esse projeto, que marcou o início d'O Boticário no canal de vendas diretas, mas que também focou numa estratégia *omnichannel*, abarcando vendas em lojas físicas e no e-commerce. A Eudora foi idealizada para mulheres que buscam sedução e poder nos produtos de maquiagem e perfumaria, uma abordagem diferente dos nossos produtos tradicionais, que atraem as consumidoras pela leveza e o frescor do Acqua Fresca, por exemplo.

A Eudora também foi responsável por iniciar o processo de transformação digital do grupo, a partir de 2015. Como ela demarcou nossa entrada em venda direta, a equipe de tecnologia preocupou-se, primeiro, em facilitar a vida da revendedora — do cadastro à venda —, criando um sistema on-line para automatizar fases da sua jornada. Com a introdução de ferramentas tecnológicas e maior conhecimento sobre desenvolvimento de programas, introduzimos o contato com clientes por WhatsApp e criamos aplicativos para minimizar a burocratização das vendas.

Em agosto de 2012, lançamos a nossa segunda marca de maquiagem, Quem Disse, Berenice?, como uma nova oportunidade de empreendimento. Ela nasceu na mesma época da Eudora, em 2010, com a ideia de democratizar o acesso e o uso da maquiagem no Brasil sem regras nem padrões, com preços acessíveis e uma paleta de cores mais ampla para todos os gostos e tons de pele. Na época, apenas quarenta por cento das mulheres usavam batom e produtos para olhos, e trinta por cento compravam outros itens para o rosto, segundo uma pesquisa que fizemos com centenas de consumidoras. Com o tempo, a Quem Disse, Berenice? passou a oferecer também opções de perfumaria e *skincare*.

Três meses depois, em novembro de 2012, lançamos a The Beauty Box, priorizando o mercado global. Criamos a nossa rede de lojas multimarca que une nossos produtos com os de grandes marcas internacionais nas categorias perfumaria, maquiagem, unhas, cuidados para o rosto, corpo e banho, cabelos, assim como produtos para mães e bebês, solares e para o público masculino. Além das lojas físicas, inauguramos o nosso e-commerce com mais de 7 mil itens.

Em 2013, com o sucesso das novas marcas, investimos cerca de

350 milhões de reais (620 milhões de reais em 2023, de acordo com o IPCA) para desenvolver a fábrica de maquiagem dentro da nossa unidade industrial de São José dos Pinhais, em Curitiba. Três anos depois, em 2016, com as marcas do grupo mais sólidas e maduras, demos um passo mais ousado rumo ao mercado internacional com o lançamento da Multi B. Idealizada pelos nossos times internos, o novo negócio se tornou multimarca, adquirimos as licenças e passamos a distribuir produtos de grandes representantes internacionais como Australian Gold, Bio-Oil, Revlon, Lee Stafford e Nuxe em mais de 10 mil pontos de venda. Ainda como parte da estratégia de expansão, lançamos a marca brasileira O.U.i, em parceria com profissionais franceses, para oferecer produtos seguindo tendências da perfumaria internacional.

Em 2018, para reforçar o nosso portfólio de maquiagem e atingirmos um público que busca produtos de qualidade a preços mais acessíveis, adquirimos a brasileira Vult Cosmética, que tem mais de quinhentos produtos em seu portfólio e está presente em dezenas de milhares de pontos de venda.

Fiz questão de acompanhar cada uma dessas aquisições como um guardião da cultura. Quando desejamos aumentar nossa oferta de produtos — e, consequentemente, crescer —, qualquer deslize pode nos afastar do propósito inicial do negócio. Esse sempre foi um dos meus grandes receios, por isso, analisava com o time cada uma das ideias de criação de novas marcas e aquisições.

No ano seguinte, em 2019, no auge de nossa transformação digital, fizemos uma nova compra: a Beleza na Web, maior plataforma digital de beleza da América Latina, que conecta marcas, consumidores e profissionais do setor, como cabeleireiros e maquiadores que oferecem indicações de produtos para clientes. Naquele ano, nosso time de tecnologia chegou a ter 2 mil colaboradores, metade dos quais são desenvolvedores (profissionais que anos antes costumávamos contratar pontualmente, como prestadores de serviço).

Em paralelo às novidades voltadas para o público feminino, acompanhamos o crescimento do mercado de beleza masculino. Em 2020, segundo a consultoria Research & Markets, o segmento de cosméticos e produtos para homens atingiu 69 bilhões de dólares, e a expectativa é que siga em plena expansão, movimentando 78,6 bilhões de dólares em 2024. Por isso, em 2022, adquirimos a Dr. Jones, marca de *skincare* e cuidados pessoais para homens. Com ela, ampliamos nosso portfólio de produtos para além dos sucessos Malbec Club e Men, d'O Boticário, e Siàge Men, da Eudora. Mais recentemente, em janeiro de 2023, concluímos a compra da Truss Professional, marca brasileira líder no segmento de produtos capilares e com ampla presença em salões de beleza nacionais e internacionais.

Apesar do nosso foco no mercado de produtos de beleza, nos últimos anos adquirimos três empresas de outros segmentos, mas que hoje são essenciais para o funcionamento — e o futuro — do grupo, adicionando competências ao negócio: a Casa Magalhães, empresa de tecnologias para gestão; a GAVB, focada em soluções digitais e inteligência artificial; e a Equilibrium, *logtech* catarinense. Elas nos ajudam a direcionar o Grupo Boticário para o que vem a seguir. Além de um negócio de beleza, nos transformamos também em uma empresa de tecnologia — e há ainda muito por vir.

8
A transformação pela beleza — e pelas relações

DESDE QUE O BOTICÁRIO NASCEU, nutrir relações com parceiros sempre foi a minha prioridade. Os laços que construímos ao longo de mais de quarenta anos com os nossos colaboradores, consumidores, fornecedores e franqueados possibilitaram o sucesso do grupo. A transparência, por meio de conversas abertas e francas, com frequência e profundidade, é um traço essencial desse laço — e nos momentos de abalo, interno ou externo, essa característica se torna ainda mais importante.

Em 11 de março de 2020, recebíamos a notícia de que a Organização Mundial da Saúde havia declarado pandemia de covid-19 — o mais alto grau de alerta da instituição. O cenário assustador e incerto não nos concedeu o privilégio do tempo para, como costumamos fazer, planejar, criar uma estratégia e, só depois, agir. Da noite para o dia, tivemos que digerir a informação e, rapidamente, adaptar a organização para o novo cenário. O primeiro movimento que fizemos, apoiados pela orientação da nossa médica do trabalho à época, Renata Simioni, foi fechar as nossas lojas — algumas delas, em cidades onde a taxa de contaminação era mais alta naquele momento, antes mesmo de os governos locais decidirem implementar medidas de restrição e isolamento. A equipe médica do grupo foi essencial para guiar as decisões do conselho e garantir que colaboradores estivessem protegidos.

Ao mesmo tempo que fechamos o comércio, já começamos as conversas com os nossos parceiros. A maior preocupação era cuidar dos elos mais vulneráveis da cadeia de valor, por exemplo, fornecedores que tinham noventa por cento do seu faturamento concentrado conosco. Precisávamos deixá-los tranquilos de que, como sempre fizemos, honraríamos com os compromissos financeiros. Não pagar não era uma opção. Sem saber o ponto-final da crise sanitária, decidimos garantir por um período de três meses o pagamento dos nossos fornecedores, assim como optamos por concentrar as compras naqueles que dependiam mais dos nossos pedidos. Permitimos que as revendedoras postergassem o pagamento das suas faturas em três meses. E, para os franqueados, suspendemos os aluguéis pelo mesmo período.

Da porta para dentro, contudo, essas ações criaram um rombo financeiro no caixa da empresa. Queríamos apoiar a nossa cadeia, mas não havia como fazer milagre. O próprio Grupo Boticário também estava sentindo os efeitos da pandemia. Liderados pelo nosso CFO, Marcelo Azevedo, fizemos uma reunião com os bancos e com todos os nossos parceiros comerciais para compartilhar o plano de combate à crise que havíamos desenhado. Apenas para suportar a nossa cadeia de valor, teríamos uma despesa de, aproximadamente, 900 milhões de reais. Por isso, naquela reunião, comunicamos que os dividendos dos acionistas seriam suspensos, que eles doariam cerca de 1,5 bilhão de reais para a operação e que abriríamos uma linha de crédito de 5 bilhões de reais.

A transparência nesse momento foi essencial para que os parceiros comerciais continuassem confiando na nossa postura de honrar os compromissos — um princípio que aprendi com meu pai e que acompanha a história d'O Boticário desde que eu assumi o primeiro grande risco financeiro, adquirindo os frascos do Silvio Santos em 1979.

Abrimos a linha de crédito entre março e abril de 2020, e devolvemos todo o dinheiro em novembro do mesmo ano. O que explica essa recuperação é a estratégia de multicanalidade do grupo, a expansão da venda direta e o desenvolvimento dos canais digitais. O trabalho que iniciamos com a Eudora, nove anos antes, e que foi a semente da nossa transformação digital, minimizou a nossa dependência de lojas físicas e nos ajudou a enfrentar a crise com um pouco mais de tranquilidade. Chegamos ao final do primeiro ano de pandemia com 15,7 bilhões de reais de faturamento — um crescimento de 2,6% em relação ao resultado de 2019.[1]

Novo momento, novo líder

O Grupo Boticário passava por transformações profundas desde 2010, quando começamos a lançar novas marcas e agregar outras. Antes que pudéssemos prever a importância de termos iniciado a transformação digital, ampliado e inovado os canais de venda e lançado novos produtos, a pandemia provou que o trabalho feito anteriormente foi útil para o futuro que se construía diante de nós: novas formas de consumir e de trabalhar eram necessárias.

A evolução de um negócio multimarca e multicanal não combinava com a gestão, que, em 2021, ainda era dividida por unidades de negócio e com pouca colaboração entre elas. A operação ainda se baseava em estruturas antigas. Precisávamos incentivar novos comportamentos nas pessoas, remodelando o jeito de trabalhar e de pensar sobre o futuro do negócio. Queríamos construir uma gestão horizontal, colaborativa e integrada em termos de cultura. Artur estava na liderança havia treze anos e já conversávamos sobre o planejamento da segunda sucessão da empresa.

Fernando Modé, que se tornaria nosso CEO, começou a trabalhar conosco no dia 4 de janeiro de 1999. O Boticário estava finalizando o projeto de redesenho da estrutura interna e precisávamos de um time

---

[1] "Grupo Boticário cresce 15% em 2021 e fatura R$ 18 bilhões", Grupo Boticário, 27 jun. 2022. Disponível em: <https://www.grupoboticario.com.br/blog/2022/06/27/grupo-boticario-cresce-15-em-2021-e-fatura-r-18-milhoes/> Acesso em: 31 jul. 2023.

dedicado aos assuntos jurídicos. Exatamente nesse momento, amigos em comum contaram para mim e para o Artur que ele estava disponível no mercado de trabalho e gostaria de se mudar para Curitiba — até então, morava em São Paulo. Modé foi o advogado contratado para inaugurar e liderar a área jurídica. Ele havia acabado de sair de uma grande empresa de produção de rodas automotivas, na qual, em um período de quatro anos, foi de um cargo júnior à mais alta cadeira de gerente jurídico.

Decidimos contratá-lo por ele ser menos apegado à burocracia do que outros profissionais com a mesma formação, além de ter uma atuação profissional generalista, com olhar para o negócio, e não apenas para aspectos legais.

No início dos anos 2000, estava evidente a necessidade de mudar novamente os processos d'O Boticário e passamos a trabalhar com um time multidisciplinar e multifuncional. Modé estava entre os convocados para traçar os rumos da empresa, pois sua contribuição para a construção da área jurídica foi brilhante, estruturando-a do zero. Naquele momento, além de seu time, assumiu a gestão das pessoas que lidavam diretamente com os franqueados.

Quando Artur assumiu a presidência, em 2008, Modé já era diretor financeiro havia quatro anos, por isso acompanhara de perto as mudanças da empresa. Desenvolveu-se, aprimorou ainda mais o olhar sobre o negócio como um todo e participou ativamente de cada uma das negociações de lançamento de marcas e aquisição de outras. Sua aptidão para gerir marcas diversas e processos em um mesmo grupo foi um traço que nos levou a decidir pela sucessão de Artur, que deixou a presidência executiva em 2021 para se tornar vice-presidente do conselho, abrindo espaço para Modé assumir o cargo de CEO.

Na sua gestão, o número de vice-presidências foi ampliado de quatro para nove, e as equipes passaram a ser organizadas em *squads* (equipes multidisciplinares que atuam com autonomia e agilidade em projetos específicos). Mil líderes, dos 3 mil à época, mudaram de função para se adequar ao novo modelo organizacional que, internamente, chamamos de "Um Só Grupo", estimulando a cooperação e o compartilhamento de soluções. Naquele ano, 2021, o grupo faturou

18,1 bilhões de reais, crescendo mais de 14% em comparação ao primeiro ano de pandemia.[2]

O resultado foi consequência de um olhar mais atento às necessidades do consumidor em um contexto de crise de saúde mundial e aos investimentos em soluções tecnológicas para aprimorar a operação de áreas como logística, desenvolvimento de produtos e vendas diretas. A sucessão para Modé foi mais um dos movimentos que têm como missão pavimentar o futuro da empresa.

ESG no modelo de negócio

Empreender é fazer a diferença na vida das pessoas e na sociedade como um todo. Uma empresa que atua somente em benefício próprio não se sustenta. O amadurecimento do Grupo Boticário veio junto a um avanço significativo na dimensão socioambiental, acompanhando as tendências e necessidades globais.

Em 2021, lançamos a plataforma Uma Beleza de Futuro, com o objetivo de potencializar a agenda ESG da empresa, especialmente pela Fundação Grupo Boticário de Proteção à Natureza e pelo Instituto Grupo Boticário, fundado em 2004 para ações de cultura, esporte, empreendedorismo social e voluntariado. À época, assumimos compromissos em diversas frentes, incluindo iniciativas para conservar a biodiversidade, neutralizar o impacto ambiental e alavancar diversidade e inclusão. Depois de mais de dois anos de amadurecimento das nossas iniciativas, em 2023 renovamos os compromissos da plataforma, divididos em sete temas ESG: mudanças climáticas, resíduos, água, biodiversidade, diversidade e inclusão (D&I) e desenvolvimento social.

No que diz respeito às mudanças climáticas, queremos contribuir para limitar o aumento da temperatura média do planeta, seguindo

---

2 Ibid.

as diretrizes do Acordo de Paris.[3] Para os resíduos sólidos, o objetivo é minimizar o impacto ambiental causado pela nossa operação direta, a partir, por exemplo, de programas de incentivo à reciclagem e da prática de circularidade de embalagens. Também nos comprometemos a aumentar a eficiência hídrica do negócio e impactar positivamente bacias hidrográficas estratégicas para nós e para a sociedade.

Ainda sobre a preservação do meio ambiente, nos comprometemos a potencializar a conservação da biodiversidade e a proteção dos animais — e a fundação tem um papel fundamental nessa agenda. Ao longo de trinta anos, investimos mais de 80 milhões de reais em aproximadamente 1600 projetos ambientais em todo o Brasil. Atualmente, sou membro do conselho curador da fundação, ao lado de pessoas como Fernando Modé e Maria Tereza Jorge Pádua, entre outros profissionais que há anos fazem parte da nossa trajetória. Artur integra a diretoria como presidente ao lado de Malu Nunes, nossa diretora-executiva.

Para D&I, queremos aumentar o número de pessoas pertencentes a grupos minorizados no quadro geral de colaboradores da empresa, espelhando a realidade brasileira. Sobre a equidade de gênero, em 2022, conseguimos atingir 40% de mulheres em cargos de direção.[4] Além disso, queremos impactar da porta para fora e promover diversidade e inclusão no ecossistema do nosso negócio através do que compramos, comercializamos e comunicamos com a sociedade. Fiquei muito feliz em saber que 58% dos produtos que lançamos em 2022 contaram, no seu desenvolvimento, com o envolvimento de grupos minorizados.

Não adianta assumir compromissos se não liderarmos a transformação que queremos ver. Nosso propósito é criar uma corrente de pessoas e empresas com as atitudes certas — concepção bem parecida com aquela ideia de plantar árvores a cada produto vendido. Quem diria

---

3   Acordo de Paris. Disponível em: <https://www.gov.br/mcti/pt-br/acompanhe-o-mcti/sirene/publicacoes/acordo-de-paris-e-ndc/arquivos/pdf/acordo_paris.pdf>. Acesso em: 31 jul. 2023.
4   Grupo Boticário, *Relatório ESG 2022*, p. 12. Disponível em: <https://www.grupoboticario.com.br/wp-content/uploads/2023/06/RA_Boticario_2022_v10_FINAL.pdf>. Acesso em: 10 jan. 2023.

que aquilo resultaria numa agenda tão extensa e responsável como a que temos hoje? Percebi, ao longo dos anos, a importância de cultivar um olhar atento e responsável ao nosso entorno, buscando formas de transformar as realidades — e a nós próprios.

Sucesso compartilhado

"Miguel Krigsner compra avião particular"; "Fundador do Grupo Boticário sai em viagem milionária com a família"; "Miguel, do Grupo Boticário, abre sua casa e mostra sua coleção de carros de luxo." Essas são manchetes que, ao longo dos últimos 45 anos, você não leu sobre mim — e jamais lerá. O sucesso que tenho não pode ser medido pelo patrimônio que acumulei ao longo de décadas.

Os bens materiais são importantes para ter uma vida com menos preocupações, claro. Poder oferecer estabilidade financeira para quem eu amo é uma das minhas maiores conquistas. Melhor do que isso, contudo, é desfrutar de cada uma das relações que cultivei nessa jornada e que me faz infinitamente mais feliz do que o dinheiro em si.

A riqueza que construí ao longo dos anos me proporcionou um apartamento mais confortável, educação de qualidade para as minhas filhas, recursos financeiros para realizar importantes eventos, como o casamento de cada uma delas, além de viagens em família pelo mundo, acesso aos melhores profissionais da saúde e, também, a possibilidade de errar — no negócio e na vida — com a segurança de ter uma reserva que garantiria o conforto de minha família pelos anos seguintes.

Ao meu lado, com mais de quarenta anos de casados, tenho Cecilia, que compartilha comigo diariamente a vida e muitas conversas. Ao menor sinal de desvio de rota, me traz de volta para a realidade. Cecilia é a grande responsável por eu ter me tornado o homem que sou hoje. Desde seus tempos de estagiária na farmácia de manipulação, ela me ensinou sobre humanidade e sempre me guiou pelos melhores caminhos. Ela tem os pés fincados no chão, é responsável e consciente, além de muito organizada. Tenho também minhas filhas e meus netos, que são a minha grande felicidade; minha irmã, Miriam; e meus amigos de longa data, como Charles London, alguém que acompanha a minha história desde o início da formação da minha família. Além deles, franqueados e colaboradores, que há anos transformaram suas trajetórias a partir do negócio que temos em comum, seguem comigo nessa jornada.

Ao relembrar a construção do meu negócio desde o início, constato com grande satisfação que, além da minha própria, tantas outras vidas foram transformadas pelo Grupo Boticário. Fundei a empresa para que fosse um meio de realização para mim e para todos aqueles que se identificassem com o propósito dela. Me conforta saber que somos agentes de transformação e que muitas outras vidas são e serão parte dessa história — e nós das delas —, em forma de oportunidade de crescimento profissional e pessoal. Essa é uma das maiores riquezas que carrego.

Em eventos de franqueados ou colaboradores, buscamos sempre abrir o microfone e dar voz para essas pessoas falarem o que desejam. Ao longo de todos os anos, não me lembro sequer de uma vez em que não fui tomado pela emoção com os depoimentos que ouvi. As pessoas desejam compartilhar o impacto transformador que a nossa empresa tem em suas vidas. Já ouvi histórias de franqueadas que começaram vendendo produtos d'O Boticário e, a partir disso, puderam investir na educação de seus filhos que, hoje, além de graduados, também comandam uma grande rede de franquias. Soube, ainda, de colaboradores que salvaram a vida de parentes, alocando os recursos e benefícios da empresa para cuidar da saúde deles.

Vejo que consegui empreender um negócio que oferece não só oportunidades profissionais. Proporciona conquistas pessoais, o que gera mudanças na vida de cada pessoa do grupo. Esse é o maior indicador de sucesso que eu poderia almejar.

Família: minha melhor relação

Minha família é a base de quem sou. Foi ela que me deu a força necessária para enfrentar o tal "monstro do trabalho", aquele que tantas vezes senti que iria me engolir, e que, agora, tem um aspecto nada assustador.

A TRANSFORMAÇÃO PELA BELEZA — E PELAS RELAÇÕES

Fui aprendendo a criar mais tempo para aproveitar as pessoas que amo, nutrindo uma relação construída sobre uma fundação sólida.

Já não moro na mesma cidade que minhas filhas, então a saudade é um dos meus problemas atuais. A cada ligação que fazemos diariamente, penso em como posso resolver essa questão. Sei que, assim como eu, elas seguiram os seus caminhos, construíram suas famílias e histórias, mas sonho em tê-las mais perto. Por isso, cuido pessoalmente dos detalhes da reforma de uma casa de campo que comprei para que tivéssemos tempo juntos aos fins de semana e em períodos de férias.

Durante a pandemia, a saudade apertou ainda mais e, com a recomendação de isolamento social, essa casa foi o refúgio de que precisávamos para nos reencontrar. É um lugar que adoramos visitar e, para deixá-lo ainda mais aconchegante e bonito, fiz questão de pensar, junto com profissionais especializados, em uma reforma. Idealizei desde os armários dos quartos até o revestimento do piso da piscina.

Além da minha esposa e minhas filhas, tenho outras pequenas grandes paixões na minha vida: os meus netos. Quando estou com eles, mal vejo o tempo passar. Guilherme, filho da Tati, assim como eu, adora teatro de bonecos. Sempre que nos encontramos, ele corre para o quarto e traz o "porquinho" — seu boneco preferido — para a gente brincar. Enquanto o manuseio, Guilherme dá aquelas gargalhadas verdadeiras, típicas das crianças. Liana, filha da Annete, também não perde uma apresentação. Nessas ocasiões, viajo no tempo e lembro da minha infância na Bolívia, quando brincava com a minha mãe. Os momentos que tenho com eles se tornaram muito especiais.

Em agosto de 2021, levei um dos maiores golpes da minha vida. Foi quando senti na pele que não há recurso material suficiente para remediar certas dores. Após alguns anos lutando contra uma doença e buscando os melhores médicos e tratamentos — inclusive fora do Brasil —, perdi meu neto David, filho de Annete, minha primogênita. O meu mundo caiu. Vi minha filha passar por um dos piores traumas que uma mãe pode sofrer. Senti-me impotente, porque não consegui protegê-la como já havia feito em tantas outras ocasiões. Esta é uma ferida que não se fecha. Ainda sofro muito pela perda do meu neto. Para seguir em frente, precisei compreender que, diante da morte, ninguém tem poder. Restou-me aceitar a minha dor e oferecer todo o suporte e apoio a minha filha e ao meu genro Miguel. Tenho imensa admiração por eles, que se mantêm firmes para honrar a memória do David.

Foi a união da nossa família que nos fortaleceu para enfrentar um momento tão desolador. Passamos longas semanas juntos depois que meu neto se foi. Seguindo a tradição judaica, durante doze meses, eu e o avô paterno do David também nos encontramos pela manhã e no fim da tarde para rezarmos diariamente como forma de homenageá-lo.

A doação ao próximo é a base da relação que construí com a minha família e o que nos salva nos momentos mais difíceis. Cada vez que sinto a dor da perda, conecto-me comigo mesmo e com o meu desejo de viver perto de quem amo. Faço questão de estar com as minhas filhas, do jeito que posso, em ocasiões importantes de suas vidas.

Construir um legado hoje

Com uma visão holística do negócio, a uma distância saudável, hoje trago um frescor para o meu papel na companhia. Estou por toda parte, mas sem me fixar em nenhum lugar especificamente. Na qualidade de presidente do conselho, consigo sonhar com o Grupo Boticário de forma diferente de como sonhei no começo de tudo. Antes, quando liderava o dia a dia do negócio, eu sonhava e realizava quase que simultaneamente.

Desejo que o Grupo Boticário continue sendo um agente de transformação para a sociedade. Que a quantidade de profissionais que trabalham conosco cresça em grande escala, e que nós, como empresa, consigamos distribuir as riquezas desse negócio para todos os que fizerem parte dele, direta ou indiretamente. Enxergo o grupo contribuindo para a diminuição da desigualdade socioeconômica que assola o país. Quando transito pelas cidades Brasil afora e vejo as diferenças entre uma região e outra, me sinto triste. Gostaria sinceramente que isso um dia mudasse e, para fazer a nossa parte, aposto minhas fichas na capacidade de o grupo continuar implementando iniciativas de impacto social positivo para milhares de brasileiros e brasileiras.

Temos mais de 3700 lojas só d'O Boticário, chegando a mais de 4 mil com todas as marcas do grupo. Somos geradores de empregos e oferecemos oportunidades para que muitas realidades sejam impactadas. Mesmo assim, ainda há muito a ser feito.

Do ponto de vista de mercado, quero que o grupo seja o melhor e maior ecossistema de beleza para o mundo. Atualmente, lançamos mais de 3 mil novos produtos ao ano e inovamos constantemente em comunicação, formato de lojas, em processos e formas de gestão, sempre priorizando a qualidade daquilo que oferecemos aos nossos consumidores. Geramos impacto em suas visões sobre si mesmos e temos o potencial de melhorar a autoestima e o bem-estar de milhares de pessoas — e esse é um dos nossos principais objetivos. Sempre foi. Queremos que as pessoas se sintam felizes, bonitas, perfumadas e de bem com elas mesmas.

Além dos meus desejos para o futuro do grupo — sonhos que ainda tenho chance de acompanhar e fomentar de perto —, reflito constantemente sobre o legado que eu gostaria de deixar como fundador da empresa. Acredito que o que fazemos em vida, de fato, deve ficar para além da nossa existência. Assim como esta história não acaba no ponto-final deste livro, penso que a minha também não será finalizada quando eu sair de cena neste mundo.

Deixarei para a minha família e para a sociedade o Grupo Boticário, a Fundação Grupo Boticário de Proteção à Natureza, o Instituto Grupo Boticário, o Museu do Holocausto, entre outras organizações que nasceram a partir do sonho daquele jovem que começou a formular produtos na botica da rua Saldanha Marinho. Para mim, contudo, ele vai além disso.

O legado, diferente do que podemos imaginar, não é apenas póstumo — é o que fazemos agora. Hoje e todos os dias. O meu é o conjunto de lembranças e as relações que cultivei e que ainda cultivo. Deixarei o meu cuidado, o meu desejo de transformar e fazer o que é correto e melhor para todos. Deixarei, também, o ímpeto pela inovação, o desejo de criar e se arriscar, de pensar em novas possibilidades e caminhos. Enfim, de sonhar — e sem medo de estar errado, porque, se estiver, basta recalcular a rota, como tantas vezes já fiz na vida.

Todas as histórias contidas neste livro são o que tenho de melhor para deixar para minha esposa, minhas filhas, meus netos, meu cunhado e sócio, minha família, meus amigos, colaboradores, franqueados e fornecedores do Grupo Boticário — e a você, que me acompanhou ao longo das minhas mais caras recordações. Mas não sem antes compartilhar um conselho que aplico a mim mesmo: nunca deixe que suas memórias superem seus sonhos. Portanto, vamos em frente.

ENTREVISTADOS

DURANTE A ESCRITA DESTE LIVRO, 45 pessoas foram entrevistadas para me ajudar a relembrar passagens, momentos, decisões. Todas elas fizeram parte desta história, deixando suas marcas e contribuições. A cada uma, agradeço por me apoiar na construção do Grupo Boticário — e na reconstrução das memórias.

Ana Maria Loureiro
Annete Krigsner
Antônio Gentil
Antônio Tavares
Artur Grynbaum
Bernardo Fedalto
Carlos Reis
Cecilia Krigsner
César Veiga
Charles London
Claudia Stenger
Daniel Knopfholz
Dirceu Romani
Divino José Dias

Edinete Souza
Eloi Zanetti
Fabiana de Freitas
Fernando Modé
Flávio Moraes (Museu do Holocausto)
Francisca Távora
Gustavo Dieamant
Helena Garcia
Jacobus Visser
Jaime Ingberman
José Paschoal Rossetti
Josiane Bordignon
Laura Oliveira
Lucia Lisboa
Marcelo Azevedo
Marcelo Cherto
Marcus Rizzo
Maria de Lourdes Nunes
Maria Lucia Voitech Neumann
Miguel Milano
Miguel Letenski
Miriam Diner
Olga Chiuratto
Paulo Roseiro
Renata Ashcar
Roberto Papov
Rogério Ezequiel de Carvalho
Tatiana Krigsner
Tereza Zagonel
Vanessa Machado
Washington Olivetto

TIPOLOGIA Miller e Akzidenz
DIAGRAMAÇÃO acomte
PAPEL Pólen Bold, Suzano S.A.
IMPRESSÃO Gráfica Bartira, setembro de 2024

A marca FSC® é a garantia de que a madeira utilizada na fabricação do papel deste livro provém de florestas que foram gerenciadas de maneira ambientalmente correta, socialmente justa e economicamente viável, além de outras fontes de origem controlada.